教育部人文社科规划基金项目（10YJA630215）

低碳生产模式

赵贺春　王志亮　田翠香　编著

机 械 工 业 出 版 社

本书以构建多维“企业低碳生产模式驱动力模型”为目标，意在探讨企业微观主体“低碳生产模式”的实现机制和路径。主要内容包括四个方面：①从低碳生产模式案例研究入手，将环境成本效益指标引入传统的成本效益分析指标体系，构建企业低碳生产模式的“综合成本效益分析”基本框架。②以“综合成本效益分析”为基础，结合“企业价值—环境成本—政府管制”的博弈分析框架，从强制性、市场性、自愿性环境管制，以及技术进步和先动优势等方面构建多维“企业低碳生产模式驱动力模型”，探索企业低碳生产模式的实现机制和路径。③以国内有色金属行业数据为样本，对多维“企业低碳生产模式驱动力模型”进行实证检验，根据检验结果进一步对模型进行修正和完善。④从理论上探讨“企业多维低碳生产模式驱动力模型”的导向效应和推广价值。在发展低碳经济的大背景下，本书对实现企业微观层次的“低碳生产模式”具有极其重要的理论价值和现实意义。

图书在版编目（CIP）数据

低碳生产模式/赵贺春，王志亮，田翠香编著. —北京：机械工业出版社，2015.3

ISBN 978-7-111-49363-1

Ⅰ. ①低… Ⅱ. ①赵…②王…③田… Ⅲ. ①企业管理—生产管理—节能 Ⅳ. ①F273

中国版本图书馆 CIP 数据核字（2015）第 030879 号

机械工业出版社（北京市百万庄大街 22 号　邮政编码 100037）
策划编辑：商红云　责任编辑：商红云　陈　洁　程足芬
版式设计：赵颖喆　责任校对：樊钟英
封面设计：张　静　责任印制：李　洋
北京振兴源印务有限公司印刷
2015 年 4 月第 1 版第 1 次印刷
169mm×239mm · 10.25 印张 · 192 千字
标准书号：ISBN 978-7-111-49363-1
定价：29.80 元

凡购本书，如有缺页、倒页、脱页，由本社发行部调换

电话服务	网络服务
服务咨询热线：010-88379833	机 工 官 网：www.cmpbook.com
读者购书热线：010-88379649	机 工 官 博：weibo.com/cmp1952
	教育服务网：www.cmpedu.com
封面无防伪标均为盗版	金 书 网：www.golden-book.com

前　言

自2003年英国政府发表能源政策白皮书——《我们能源之未来：创建低碳经济》以来，低碳经济理念便迅速引起各方关注并得到世界各国认可。然而，要将低碳经济从概念转化为行动，就必须寻求明确、具体的发展路径。由于物质资料的生产、流通、分配、消费构成整个社会经济活动的四项基本内容，生产又是流通、分配、消费等各项经济活动的基础，低碳经济的发展路径应以低碳生产为逻辑起点。因此，探讨低碳生产的内涵、核心要素及特征等问题具有重要的理论意义与应用价值。

鉴于社会生产活动的复杂性及多样性，全面研究农业、工业、建筑业及其他行业的低碳生产模式几乎是不可能完成的任务。因此，本书主要说明工业，特别是最具有代表性的铝业的低碳生产模式构建问题，基本依据如下：

（1）铝及其合金产品具有质量轻、强度大、耐腐蚀、易延展、导电导热性强、易于回收利用等诸多优点，因而成为仅次于铁的第二大金属，广泛应用于航空航天、石油化工、机械电气、建筑、包装及人民生活等各个领域，我国已经成为世界上最大的铝材料生产国与消费国。

（2）铝业生产具有高能耗、高污染、高碳排放等特征，铝行业是有色金属工业第一能耗大户及二氧化碳等温室气体排放大户。实现了我国铝业的低碳生产就抓住了问题的关键，“牵住了牛鼻子”。

（3）当前，我国铝行业特别是电解铝行业的产能过剩矛盾十分突出，必须努力研发低碳生产工艺、大力淘汰落后产能、减少吨铝排放物数量，并且原则上不再核准新建、扩建电解铝项目。上述一系列措施倒逼我国铝业低碳生产模式的实施。

（4）鉴于我国铝行业降耗、节能、增效、减排的潜力巨大，国内外学者都非常关注我国铝业低碳生产问题的研究，内容涉及铝业生产导致的生产能耗及温室气体排放、基于整个铝行业层面的铝物质流分析、铝产品生命周期评价、铝业低碳生产的实现途径及评价体系等多个方面。然而，相较于构建我国铝业的低碳生产模式而言，上述研究依然是零乱的，并未形成一套完整的有关我国铝业低碳生产问题的知识体系。

基于以上认识，本书主要结合我国铝业生产的实际情况，基于铝业生产的数据对低碳生产的内涵、特征、核心要素、内在运行规律及外在表现形式等一系列问题展开深入、系统的研究，在对低碳生产的模型（Mode/Model）与样式（Pattern），即“低碳生产模式”作出科学概括与总结的基础上，通过物质流分析、生命周期评价及碳排放计量模型的构建，探讨低碳生产模式的实现路径、构建方法、综合评价体系及动力机制。

本书的出版得到了“教育部人文社科规划基金项目——“大中型工业企业低碳生产模式及动力机制研究”（项目批准号为10YJA630215）”的资助。在本书的撰写过程中，李岩、袁晓星、莫丽艳、高诚、张立娜、刘实实、侯思远等做了大量的数据收集及资料整理工作，在此表示深深的谢意！

编著者

目　　录

第一章　工业生产的几种典型模式

模式意指模型（Mode /Model）与样式（Pattern）。它不仅作为范本、模本、变本的式样，而且反映事物自身的运行规律及外在特征。将“模式”一词应用于工业生产，对工业生产的内在运行规律、外在特征及表现形式的科学概括与总结即为“工业生产模式”。

关于工业生产的典型模式，可以从不同的视角进行概括、分类。鉴于本文的研究内容与特点，本章依据工业生产与环境之间的密切联系，将工业生产模式分为线性生产模式、末端治理模式、清洁生产模式及清洁-低碳生产模式（简称为低碳生产模式）四类。在不同的工业生产模式下，工业生产对环境的影响是截然不同的。

第一节　以牺牲环境为代价的线性工业生产模式

一、线性工业生产模式对环境的破坏性影响

线性工业生产模式（Linear Industrial Production Mode）是指不顾环境的工业生产模式，人们从地球榨取资源、把资源转化为产品和服务，然后把剩下的东西（垃圾）直接送回生态圈。所谓不顾环境的工业生产，是指除了剧毒和能引起急性中毒的废料外，绝大部分工业废料均不加处理地直接排入环境，由环境充当“无偿清洁夫”的角色。

这种不顾环境的工业生产模式出现于18世纪中叶开始的工业革命，直到20世纪中叶。甚至现在，我国的一些乡镇企业、中小企业仍在沿袭这种模式。由于采取大量开采、大量生产、大量消费、大量废弃的生产、生活方式，维持的是资源→产品→废弃物单向运动过程，因而被称为线性工业生产模式，如图1-1所示。

对此，著名的生态学家奥德姆指出：“人类犹如环境的寄生虫，索取想要的一切，而很少考虑寄主（即它的生命维持系统）的健康。”

环境是指我们周围的自然物质存在，包括空气、水、陆地、植物、动物和非再生资源（如石油、矿物）。事实上，自然环境确实有一定的容纳废弃物的能力

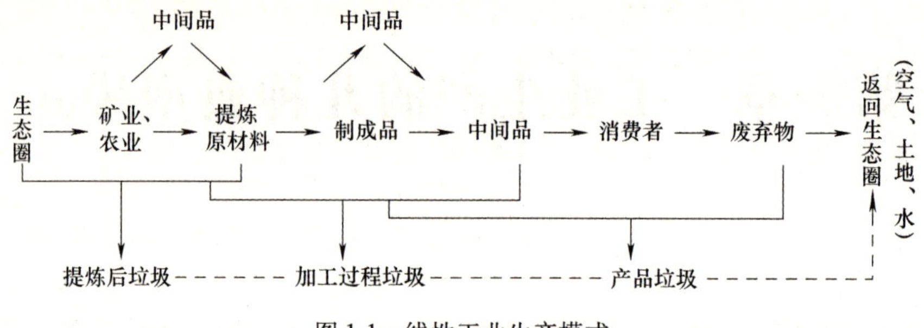

图 1-1 线性工业生产模式

（即环境容量）和一定的自净能力。但是，由于环境容量是大体上不变的存量，自然环境净化污染的能力也是有限的，随着工业生产的发展、规模的扩大和密集程度的提高，工业废弃物的产生量越来越大，当超过环境容量及环境的自净能力时，就会影响环境质量，造成环境污染和生态破坏；再加上化学工业的兴起，产生大量人工合成的产品，由于这些产品在自然界中原来是不存在的，有些根本不能够被自然界所消化和吸收，这就更加速了资源枯竭、环境污染、生态破坏的进程。20 世纪 30 年代以来发生的一系列环境污染事件，如 1930 年的马斯河谷大气污染事件、20 世纪 40 年代初的洛杉矶光化学烟雾事件、1948 年的多诺拉大气污染事件及 1952 年的伦敦烟雾事件等，不仅直接影响了经济的持续发展，而且严重地威胁着人类的健康与生存。

二、线性工业生产模式是破坏环境的根源

线性工业生产模式之所以会造成环境污染与生态破坏的后果，根源在于其追求经济利益的单纯经济观点，即“经济人假定”。按照这一假定，在经济活动中，企业所追求的唯一目标是其自身经济利益的最优化。换言之，经济人主观上既不考虑社会利益，也不考虑自身的非经济利益。

依据劳动价值论，作为商品的产品或劳务具有使用价值和价值两种属性，前者提供某种功能，是一种自然属性；后者则在市场交换中才体现出来，是一种社会属性。商品所具有的二重性是由工业系统的以下两种功能赋予的。

第一种功能是物质转化功能，即通过适当的工艺和设备将选择的原料加工成产品，使其达到一定的性能和质量标准。例如，在铝业生产过程中，企业使用采掘设备开采铝土矿；按照一定的工艺方法（我国氧化铝生产工艺主要有烧结法、混联法、拜耳法、石灰拜耳法、选矿拜耳法等）生产氧化铝；采用冰晶石—氧化铝熔盐电解炼铝，将铝及其合金制品加工成各种产品。上述一系列过程实现着我国铝业生产的物质转化功能。

然而，由于生产工艺的不完善及设备和生产管理等方面的问题，在生产产品

的同时，往往会伴随着各种废料的产生和排放，如铝土矿开采过程中的尾矿，氧化铝生产过程中产生的赤泥、液体碱、煤尘、铝土矿尘、石灰尘、氧化铝尘，铝电解过程中产生的一氧化碳、硫化氢、二氧化硫、二氧化碳、全氟化碳，以及辐射、高温、噪声危害等，造成了严重的环境污染与生态破坏，从而导致外部不经济，或称为环境负外部性。

由图 1-2 可以看出，线性工业生产模式从生态圈挖掘资源并从农业获得一些原料，进而进行加工、生产、分销，最后将废弃物扔回生态圈的过程。有关资料显示，只有 10% ~20% 的资源在第一次参与经济系统后被回收利用了，那么就有接近 80% 的资源被当作垃圾处理掉了。

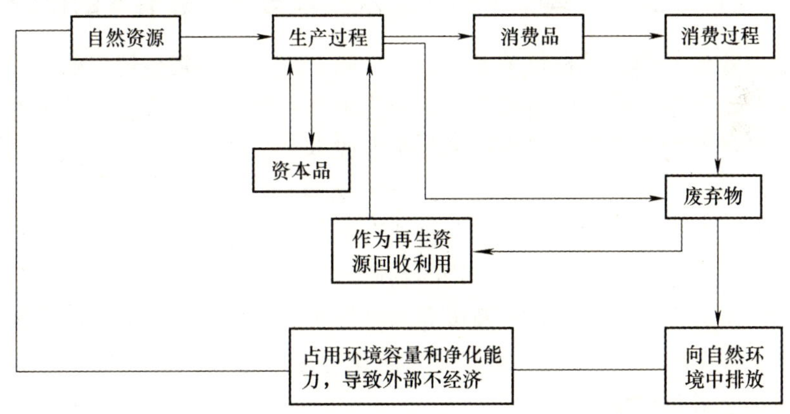

图 1-2　工业生产的物质转化过程

第二种功能是经济增值的功能，即投资者以资本投入谋取利润，即货币资金 G→储备资金 W→生产资金 P→成品资金 W→货币资金 G' 的资金运动过程中实现着价值的增值（$\Delta G''=G'-G$）。为此，必须达到企业内部的经济性即企业内部成本的最小化，从而实现企业利润的最大化。

对于投资者来说，生产什么产品或提供什么劳务并不重要，重要的是他的资本投入能否得到所期望的经济回报。在“经济人假定”下，对经济利益的追求是人们从事工业生产的唯一驱动力。在自然资源的利用方面则以产品为中心决定取舍，凡无使用价值或无价值使用的物质均被视为废料，废弃于环境之中，依靠自然的扩散、稀释、分解加以消纳。这种运作方式要求企业最大限度地降低“微观成本”，从而造就了工业系统内部的高度经济性。

可见，企业的物质转化功能是受经济增值过程驱动的。企业的增值功能体现了一定的社会关系，是社会经济运作中的一部分。但是，工业系统同时也和自然生态系统紧密联系，工业的两种功能表明首先应该将工业系统置于生态经济这个大系统中进行考察，而不能把两者分割开来；其次，投资者获取的经济回报，大部分仍用于扩大投资、扩大再生产，以谋取更多的利润。资本投入和再投入实际上构成了一个闭环系统，工业的增值功能使资金的周转越来越快，工业的规模越来越大。这样一个循环不已的闭环系统的运作推动着基本上是开环系统的物质转化过程，也就是伴随着源源不断地将资源转化成为废料的过程，从而使资源趋于耗竭，污染日趋严重，以至于出现生态危机。由于外部不经济性的存在及其规模的扩大，使生态—经济大系统的整体效率不断下降。

因此，工业生产的两种功能实际上寄寓着自然与社会的对抗。这就是线性生产模式之所以引起环境污染与生态破坏的根源所在！

三、线性工业生产模式下企业微观成本与社会总成本的比较

工业企业生产产品及提供劳务的过程，同时也是一个发生耗费的过程。在企业作为生产经营主体的空间范围内，企业为生产、经营一定数量和种类的产品所发生的各种耗费的总和称为微观层面的企业成本，包括企业的生产成本和期间费用。简便起见，微观层面的企业成本以 *PTC* 表示。

在线性工业生产模式下，由于在自然资源的利用方面是以产品为中心决定取舍的，故凡无使用价值或无价值使用的物质均被视为废料，废弃于环境之中。传统经济学不考虑因自然资源耗损及废弃物排放所造成的环境损失，即外部损失或外部成本，以 *ETC* 表示。在外部损失未被充分揭示之前，这项隐性的经济支出通常是由社会或后代承担的。

但是，从整个社会角度看，生产、经营某一商品所付出的所有代价（包括企业微观层面的内部财务成本及外部成本或损失），不管这种代价由谁负担，统称为社会总成本，以 *STC* 表示。由于环境污染的负外部性及外部成本的存在，社会总成本与企业的微观成本往往不一致，社会总成本一般情况下大于企业微观成本，两者之间的差额便是转嫁给社会或后代负担的外部成本。这样，总成本曲线便为两条：一条是社会总成本（*STC*）曲线，一条是企业微观成本（*PTC*）曲线，并且企业成本曲线在社会总成本曲线下方，如图 1-3 所示。

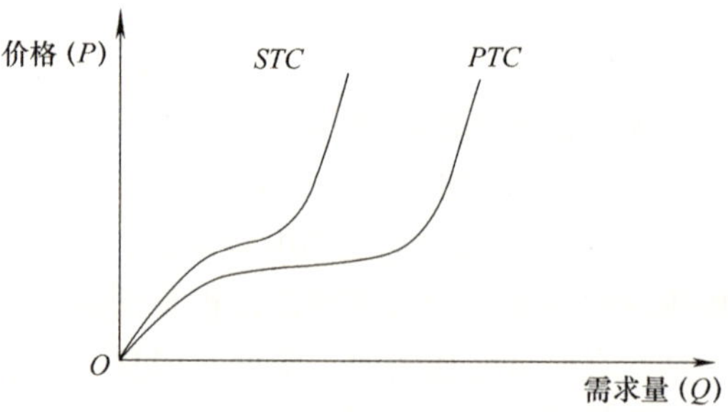

图 1-3 社会总成本与企业微观成本曲线

由图1-3可推导出边际社会总成本（*MSC*）曲线和边际企业成本（*MPC*）曲线，并且边际企业成本曲线也在边际社会总成本曲线之下，如图1-4所示。

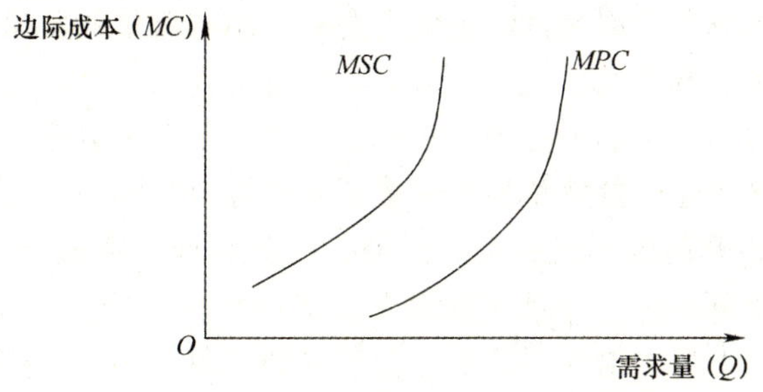

图1-4　边际社会总成本与边际企业成本曲线

在不完全竞争市场条件下，需求（*DC*）曲线与边际收益（*MR*）曲线如图1-5所示。需求曲线向右下方倾斜，边际收益曲线也具有负斜率，并且位于需求曲线之下。企业若想使利润最大化，必须使边际收益（*MR*）等于边际成本（*MC*）。所以，利润最大化情况下的价格为P_0，需求量为Q_0。

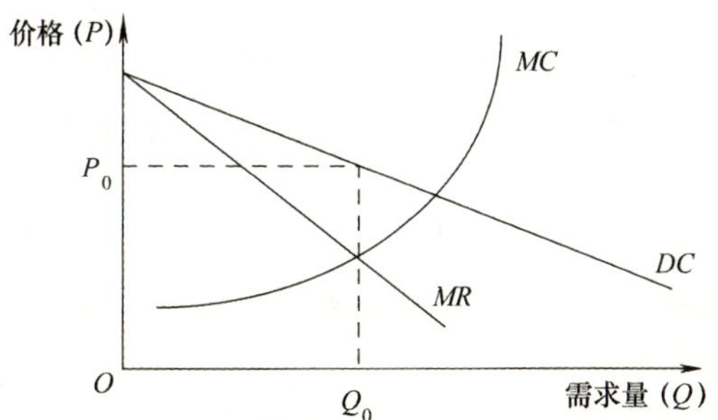

图1-5　不完全竞争市场条件下的需求曲线与边际收益曲线

当企业以边际企业成本，而不以边际社会总成本为依据来决定需求量与价格时，因为边际企业成本曲线位于边际社会总成本曲线之下，所以比用边际社会总成本为依据所得的价格水平低，需求量水平高，如图1-6所示。

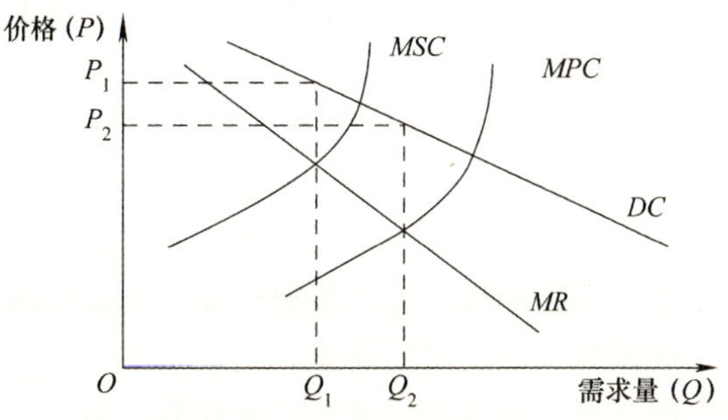

图1-6　边际社会总成本与边际企业成本曲线

在企业成本小于社会总成本的情况下，企业产品价格比实际的价格低，刺激消费者购买该产品，扩大了需求量，企业因而获得丰厚的利润。低价格的商品为一部分消费者带来利益，但与社会及他人为之付出的沉重代价相比较，这部分利益却是少量的、微乎其微的。

在竞争异常激烈的市场经济中，一些企业采取了杀鸡取卵、竭泽而渔式的粗放型经营方式，无休止、低效率地滥采滥开和破坏自然资源。这与目前采用的企业“微观成本”核算制度不无关系。此外，污染企业还因其产生的社会总成本无需即期支付或全额支付，并且在费用支出相对较少的情况下获得收入的增加，从而使近期的利润上升，给外界造成效益较好的假象，殊不知其背后却潜藏着危及人类生存和发展的不利因素。

第二节 末端治理模式

一、末端治理模式的积极意义

末端治理（Terminal Administration Mode）模式，也称为环境工程模式（Environmental Engineering Mode）或污染控制模式（Pollution Control Mode）。这种生产模式出现于20世纪中叶。

20世纪30年代（特别是50年代）以来在发达国家发生的一系列重大环境污染事件震撼了各国政府、学术界、舆论界以至公众，日趋严重的环境污染及治理问题成为社会关注的热点。

1962年，美国海洋生物学家、科普作家雷切尔·卡逊（Rachel Carson）发表了震惊世界的生态学著作《寂静的春天》，提出了农药DDT造成的生态公害与环境保护问题，唤起了公众对环保事业的关注。

1970年4月22日，美国哈佛大学学生丹尼斯·海斯（Dennis Hayes）发起并组织了保护环境活动，得到了环保组织的热情响应，全美国约2000万人参加了这场声势浩大的游行集会，旨在唤起人们对环境的保护意识，促使美国政府采取了一些治理环境污染的措施。后来，这项活动得到了联合国的首肯。至此，每年的4月22日便被确定为“世界地球日”。

各国政府纷纷设立了专门的机构来保护环境，并且颁布了成百上千条法律，其中包括对有害污染物的排放制定的一系列法规，规定各种污染物在环境中的最高允许浓度及工业企业废弃物的最高允许排放标准。凡排放物不能达到容许排放标准的，即不允许排放或需交付一定的罚款。

为满足达标排放的要求，或者在环境法规允许的范围内进行生产，企业就需要为废水建造废水处理站，为废气安装除尘、脱硫装置，为固体废料配置焚化炉或填埋场，这就是目前通行的末端治理模式，如图 1-7 所示。

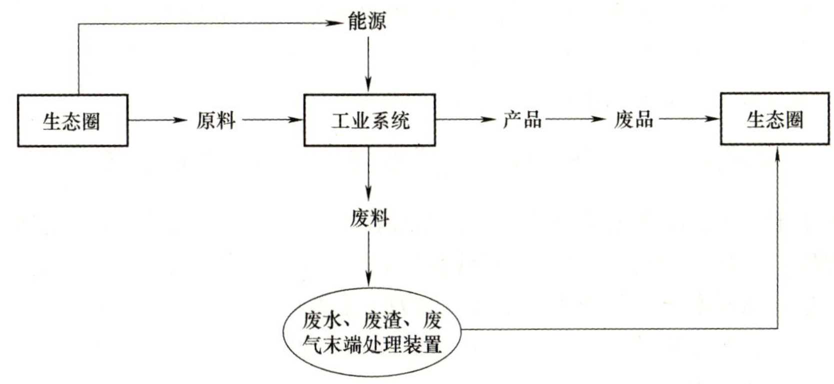

图 1-7　末端治理模式

毫无疑问，末端治理模式在遏止工业污染的迅速扩展上发挥了一定的积极作用，即通过末端治理，在一定程度上减少了工业“三废”及温室气体的排放。例如，对于铝土矿选矿尾矿采用絮凝沉降技术进行液固分离、将氧化铝厂的赤泥连同尾矿渣筑坝堆存、电解槽配备密闭的烟气净化系统等，都大大降低了一氧化碳、四氟化碳、六氟乙烷、二氧化硫等气体及锥冰晶石和氟化铝等颗粒氟化物、氧化铝粉尘和碳尘的直接排放。如果一定时期内的废物排放在环境容量及环境自净能力之内，就不会造成环境污染与生态破坏。

二、末端治理模式的局限性

然而，认为末端治理模式不会造成环境污染与生态破坏的想法是极其理想化的，此模式在实践过程中暴露了不少缺点，存在着无法克服的局限性：

（1）在末端治理模式下，企业只对已生成的污染物作被动处理，与生产过程相割裂开来，无法成为整个生产系统中价值创造的内容之一，而且由于处理设施投资较大、运行费用较高，既额外浪费了资源，又难以获得经济回报，常常成为企业的沉重负担。

（2）排放标准的制定是依据当时的认识水平，对污染造成的长期性、积累性、协同性及不可逆转的潜在影响可能估计不足。这样，即使满足了排放标准，也未必能够达到有效保护环境的目的。

（3）末端处理一般不能从源头或根本上消除污染，而只是使污染物在不同介质中转移，还可能造成二次污染。

（4）在末端治理模式下，企业对产品的生态无害性往往考虑不足，有些产品（如氟氯烃、多氯联苯、氯化烃农药，含铅汽油以及被称为“白色污染”的塑料包装材料等）的使用过程往往比其生产过程更加危害环境。

（5）工业污染控制措施大多只停留在企业生产过程的微观层次上，而很少进入中观及宏观层次，未能将环境因素作为政策制定、资源配置、结构调整、区域开发和生产力布局的依据和制约性因素。

因此，末端治理模式治标不治本，依然是不可持续的。

三、末端治理模式下企业微观成本与社会总成本的比较

为便于对比，将末端治理模式下的企业内部成本、外部成本、社会总成本分别以 PTC_2、ETC_2、STC_2来表示。将线性工业生产模式下的企业内部成本、外部成本、社会总成本分别以 PTC_1、ETC_1、STC_1 来表示。相关内容分析如下：

（1）在线性工业生产模式下，由于企业不采取任何环境治理措施，不承担任何环境治理费用，只承担微观主体内部的财务成本，其主要内容为生产产品发生的直接材料、直接人工、间接制造费用等生产成本和期间费用，实现了企业内部成本 PIC_1 的最小化。

（2）在线性工业生产模式下，企业生产过程中产生的“三废”均不加任何治理地直接排入环境。相对于现代化大生产的规模及废物排放量而言，环境容量及环境自净能力是非常有限的。当超过环境容量及环境自净能力时，造成环境污染与生态破坏问题，由此产生的外部损失或外部成本 ETC_1 则全部由社会或后代承担，使得企业外部成本 ETC_1 及社会总成本最大化。

末端治理模式下的内、外部成本变化情况与线性工业生产模式下的相对比，区别主要有以下四点：

（1）在末端治理模式下，企业购置、安装或建造末端治理设施，发生末端治理设施的投资支出，大、中、小修理费用及日常运行过程中发生的材料、人工及其他费用，一般被列为环境污染消除费用；此外，为了对环境进行管理，企业还会发生收集环境污染情报、测算污染程度、执行污染防止政策的各种费用，一般被列为环境事务成本。上述两项内容被称为内部环境成本。

（2）在末端治理模式下，企业除了发生线性工业生产模式下微观层面的内部财务成本外，还要发生内部环境成本。这样，末端治理模式下的企业内部成本 PTC_2就包括内部财务成本和内部环境成本两项基本内容，并且 PTC_2大于 PTC_1。

（3）由于通过末端治理实现了对工业“三废”的治理，减少了废弃物的排放量或实现达标排放，短期内的废弃物排放量较少，在环境容量及净化能力之内，企业的生产活动就不会造成环境污染与生态破坏，从而不发生外部成本，即 ETC_2等于 0，从而具有良好的外部收益及社会效益。

（4）尽管末端治理模式消除或减少了环境污染与生态破坏，使得短期内的 ETC_2小于 ETC_1、STC_2小于 STC_1，但从长期来看，由于末端治理模式所固有的局限性，随着企业生产规模的扩大及整个社会经济的快速发展，工业生产的废弃物

排放量依然会远远超出环境容量及净化能力，从而造成严重的环境污染与生态破坏，产生数额庞大的外部成本及社会总成本。

西方发达国家在工业化过程中，所实施的是“先污染，后治理”的发展道路。尽管可以汲取发达国家工业化进程中的沉痛教训，但我国在经济发展中依然走的是“先污染、后控制”的老路，采用的是末端控制模式。我国环境法律原则突出表现为以末端控制为主导，重点以对建设项目的控制、生产环节的控制和污染物处理、处置的排放控制为基本要求。“预防为主，防治结合”的指导思想实际上被长期局限为以末端控制为指导的污染物排放控制。尽管在20世纪80年代初，防治工业污染上升为国家环境保护的“头号”任务，政府强制性对排放的污染物进行控制和治理，但成效甚微，我国的环境总体状况一直在持续恶化。

第三节 清洁生产模式

鉴于末端治理模式存在的局限性，自20世纪70年代中期开始，人们逐步认识到预防性策略、实施源头控制的重要意义，由此涌现出了大量的基于污染预防原则的概念，如污染预防、废物最小化、减废技术、源削减、零排放技术、零废物生产和环境友好技术等。

1972年，瑞典斯德哥尔摩召开了“人类环境大会”，并于5月5日签订了《斯德哥尔摩人类环境宣言》，使环境保护成为全球的一致行动，并得到各国政府的承认与支持。在会议的建议下，成立了联合国环境规划署。

1987年，以挪威前首相格罗·哈莱姆·布伦特兰夫人（Gro Harlem Brundtland）为主席的联合国环境与发展委员会（WCED）在给联合国的报告《我们共同的未来》（*Our Common Future*）中提出了可持续发展（Sustainable Development）的设想：

可持续发展是指既满足当代人需求，又不影响后代人的发展能力。

1989年，联合国环境规划署（UNEP）综合各种说法，采用清洁生产（Cleaner Production）这一术语来表征从原料、生产工艺到产品使用全过程的广义的污染防治途径，并给出了以下定义：

清洁生产是一种新的创造性的思想，该思想将整体预防的环境战略持续应用于生产过程、产品和服务中，以增加生态效率和减少人类及环境的风险。对生产过程，要求节约原材料与能源，淘汰有毒原材料，减降所有废弃物的数量与毒性；对产品，要求减少从原材料提炼到产品最终处置的全生命周期的不利影响；对服务，要求将环境因素纳入设计与所提供的服务中。

1990年，第一次国际清洁生产高级研讨会于英国坎特伯里召开，正式推出了清洁生产的定义：清洁生产是指对工艺和产品不断运用综合性的预防战略，以减少其对人体和环境的风险。自此，清洁生产的核心地位逐渐确立下来。清洁生产模式如图 1-8 所示。

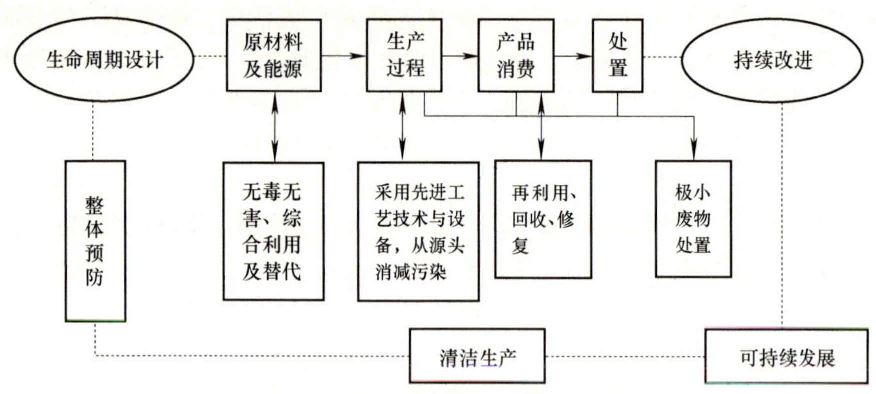

图 1-8　清洁生产模式

1992 年 6 月，在巴西里约热内卢召开的联合国环境与发展大会上通过了《21 世纪议程》。该议程制订了可持续发展的重大行动计划，并将清洁生产看作实现可持续发展的关键因素，号召工业提高能效，开发更清洁的技术，更新、替代对环境有害的产品和原材料，实现环境、资源的保护和有效管理。清洁生产是可持续发展的最有意义的行动，是工业生产实现可持续发展的唯一途径。

在联合国环境规划署（UNEP）于 1999 年召开的第五次国际清洁生产高级研讨会上，Forward 博士将着眼于工业系统层次的工业生态学也纳入清洁生产的范畴，即把一家公司内部无法削减的废物转化成另一家公司的副产品或原材料。对工业生态学概念的吸纳，可以将清洁生产重新定义：清洁生产是从社会—经济—生态大系统的整体优化出发，对物质转化的全过程不断采取战略性、综合性、预防性措施，以提高物料和能源的利用率，减少及消除废料的生成和排放，降低生产活动和服务过程对资源的过度使用及对人类和环境造成的风险，实现社会的可持续发展。

清洁生产特别是工业领域的清洁生产成为我国实现可持续发展的关键因素和必由之路，这在我国《环境与发展十大对策》、《中国 21 世纪议程》、“十五”及“十一五”规划等重要文件中已经得到了明确的认可。1993 年，原国家环保局与原国家经济贸易委员会在上海联合召开的第二次全国工业污染防治工作会议上，明确提出了工业污染防治必须从单纯的末端治理向生产全过程控制转变，实行清洁生产的要求。1997 年，中国环境与发展国际合作委员会成立了清洁生产工作组。1999 年 5 月，原国家经济贸易委员会下达了《关于实施清洁生产示范试点计划的通知》，决定在北京、上海、天津、重庆、沈阳、太原、济南、昆明、兰州、阜阳 10 个城市及石化、化工、冶金、轻工、船舶 5 个行业实施清洁生产试点。以上一切都标志着我国清洁生产进入了一个新阶段——大规模推广阶段。

1999 年 3 月，第九届全国人民代表大会第二次会议上的政府工作报告中特别提出“鼓励清洁生产”。2001 年 3 月 11 日，时任国家主席江泽民在中央人口资源环境工作座谈会上的讲话中要求“继续淘汰落后的、对环境造成严重影响的企业、产品和生产方法，采用技术改造、清洁生产等措施，从源头上控制工业污染”，显示了国家最高领导人对清洁生产的积极态度，也表明清洁生产已经受到我国政府最高层的重视。

政府有组织地推行清洁生产大大加速了我国清洁生产的进程。在不到 10 年的时间里，清洁生产的组织建设、企业试点示范、宣传教育培训、机构建设及政策研究制定等诸方面都取得了显著的进展。

然而，我国目前的环境状况远远没有得到改善，经济发展所带来的环境压力仍然非常巨大，推行清洁生产的范围和深度与对清洁生产的需要相比还差得很多，清洁生产离最终的目的还有很长一段距离。这就要求我国在推行清洁生产过程中努力克服一些障碍和解决存在的问题，如政府指导和政策导向不够得力、环境执法与监督缺乏力度、教育与培训普及程度偏低、企业管理技术水平薄弱及资金投资机制不畅等。

第四节 低碳生产模式

在全球气候变暖以及煤炭、石油、天然气等化石能源耗竭的大背景下，美国著名学者莱斯特 R. 布朗（Lester R. Brown）于 1999 年出版的《生态经济革命：拯救地球和经济的五大步骤》一书中指出：“面对地球温室气体效应的威胁，要尽快从目前以化石燃料为核心的经济，转变为以太阳能、氢能为核心的经济。” 2002 年，莱斯特 R. 布朗又出版了《生态经济：有利于地球的经济构想》一书，进一步指出“化石燃料或以碳基能源为基础的经济向高效的、以太阳能和氢能为基础的经济转变显得十分必要和紧迫”。

2003 年，英国政府在其能源政策白皮书《我们能源之未来：创建低碳经济》中首次提出了低碳经济概念。之后，这一概念便迅速引起各方关注并得到世界各国认可。它是一种正在兴起的经济形态和发展模式，包含低碳产业、低碳技术、低碳城市、低碳生活等一系列新内容，通过大幅度提高能源利用效率，大规模使用可再生能源与低碳能源，大范围研发温室气体减排技术，构建低碳社会、保护人类赖以生存、发展的生态环境。发展低碳经济既是一场涉及生产方式、生活方式、价值观念、国家权益和人类命运的全球性革命，又是全球经济不得不从高碳能源转向低碳能源的一个必然选择。

然而，要将低碳经济从概念转化为行动，就必须寻求明确、具体的发展路径。由于物质资料的生产、流通、分配、消费构成整个社会经济活动的四项基本内容，生产又是流通、分配、消费等各项经济活动的基础，低碳经济的发展路径应以低碳生产为逻辑起点，即相对于大量消耗煤炭、石油、天然气等碳基石能源，并以“高能耗、高碳排放、高污染”为特征的高碳生产而言，实现物质资料的“低能耗、低碳排放、低污染”等低碳生产模式。

应当明确的是，低碳生产与清洁生产是紧密联系在一起的，或者说，低碳生产是在清洁生产基础上展开的，两者之间互为补充、相辅相成，共同构建既清洁、又低碳的清洁-低碳生产模式。清洁-低碳生产模式如图 1-9 所示。

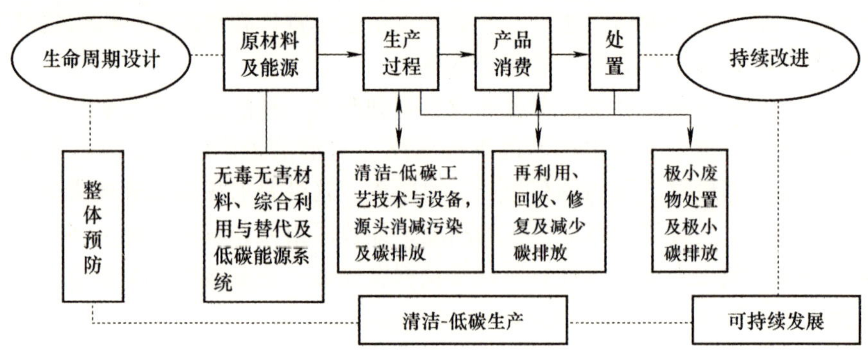

图 1-9 清洁-低碳生产模式

由图 1-9 可见，低碳生产模式包括以下主要内容：

（1）遵循“整体预防”的环境战略及“全生命周期设计”的原则。

（2）使用无毒无害的原材料，强化原材料综合利用与替代。

（3）使用清洁、可再生能源，减少煤炭、石油、天然气等碳基能源的使用，降低能源消耗，提高能源利用效率。

（4）采用先进生产技术工艺与设备、从源头控制污染。

（5）加强产品消费、使用过程中的回收与再利用工作。

（6）废物最小化、无害化处置。

（7）减少温室气体排放。

（8）其他各种资源的高效利用等。

清洁-低碳生产模式是对清洁生产模式的继承与发展。英文中也经常使用“Cleaner & Low-Carbon Production/ Manufacturing”，也从另一侧面验证清洁-低碳生产及清洁-低碳生产模式的正确性。

鉴于人们在日常生产、生活中更加强调低碳生产，因而，清洁-低碳生产模式常被简称为“低碳生产模式”。但是，两者的内涵及意义是完全一致的。

在提出低碳生产模式的概念之后，有些人就将低碳生产模式与清洁生产模式对立起来、割裂开来，这种想法和做法都是错误的，违背了实现社会经济、资源、环境可持续发展的客观要求。

第二章　工业生产模式的演进与现状分析

完整的铝业联合生产包括铝土矿开采、氧化铝生产、铝用炭素材料生产、铝电解及铝加工等环节。由于各个环节相对独立，每一个环节都可以成为非联合生产企业的内容。因此，本章依照各个环节说明其工艺流程及其可能对环境产生的影响，结合生态环境污染的防治策略、治理状况等确定我国铝业的生产模式，并以调查研究为基础，对我国铝业生产模式的演进及现实状况进行客观、准确、全面的分析评估，为我国铝业清洁-低碳生产模式研究奠定基础。

第一节　铝业生产工艺流程及环境影响

为了分析我国铝业生产模式的演进及现实状况，本章首先说明铝土矿开采、氧化铝生产、铝用炭素生产、铝电解及铝加工等各个环节的工艺流程及其可能对环境产生的影响。

一、铝土矿开采流程及对环境的影响

铝土矿是氧化铝生产的主要原料。根据所含的氧化铝水化物的形态，铝土矿分为三水铝土矿型、一水软铝石型和一水硬铝石型。

在世界范围内，铝土矿主要是三水铝土矿型，以易溶于碱性溶液的 $Al_2O_3 \cdot 3H_2O$ 的形式存在，其晶体极细小，晶体聚集在一起成结核状、豆状或土状，一般为白色，有玻璃光泽，如果含有杂质则发红。三水铝土矿通常直接裸露在地表或仅有薄土层覆盖，矿石呈碎块状，无需爆破，露天开采较为便利，可用拜耳法生产氧化铝，耗电、耗碱量低，经济效益高。

我国的铝土矿资源比较特殊，约占98%的铝土矿以高岭土—一水硬铝石（D-K）型为主，一水硬铝石分子式为 AlO(OH)，常含微量铁、锰等，斜方晶系，通常呈细鳞片状集合体或结核状块体，极少呈薄板状，硬度6~7，密度3.3~3.5 g/cm^3，玻璃光泽，呈白色、灰色、黄褐色或黑褐色，主要形成于外生作用，广泛分布于铝土矿矿床中。其中，铝硅比（Al/Si）偏低，铝硅比为4~6的铝土矿约占我国总储

量的70%，其溶出性差，导致生产成本高；铝硅比大于7的铝土矿相对较少，约占我国总储量的30%。由于我国现有的氧化铝厂大多数只能利用铝硅比大于7（即三级品以上）的铝土矿，尽管我国是世界上铝矿资源较为丰富的国家，但真正可开采且具有一定竞争力的储量则相对较少，与我国资源储量占世界的水平相比则明显不对称。

我国铝土矿资源主要分布在山西、河南、贵州、广西四省（区），约占全国总储量的90.9%。我国铝土矿以大、中型矿床居多，储量大于2000万t的大型矿床共有31个，其拥有的储量占全国总储量的49%，储量在500万~2000万t的中型矿床共有83个，其拥有的储量占全国总储量的37%，大、中型矿床合计占到了86%。我国矿床类型分为沉积型、堆积型、红土型，其中以沉积型最多，在已探明的储量中，沉积型矿床的储量占全国总储量的92.25%，山东、山西、河南和贵州主要是这类矿床；堆积型矿床的储量占6.21%，主要分布在广西和云南；红土风化壳型三水铝土矿储量占1.54%。

同国外铝土矿开采一样，我国铝土矿开采也是以露天开采为主，露天矿开采能力占铝土矿开采总量的92%。根据矿床的成因不同，开采工艺可以分为沉积型开采和堆积型开采。沉积型铝土矿开采所采用的剥离工艺共分三种，分别为电铲—汽车剥离、装载机—汽车剥离和松土机—铲运机剥离；堆积型铝土矿的开采工艺一般根据矿体厚度、底板性质及倾角的不同来确定，主要的开采工艺有松土机—铲运机、液压正铲—液压反铲和铲运机—液压反铲、推土机—液压铲及推土机—装载机开采等工艺方案。

我国铝土矿床适合露天开采的比例较小，约为30%，而且露天开采的剥采比大，采矿损失率和矿石贫化率高。目前，我国地下开采矿山不多，处于试验阶段。铝土矿开采的流程如图2-1所示。

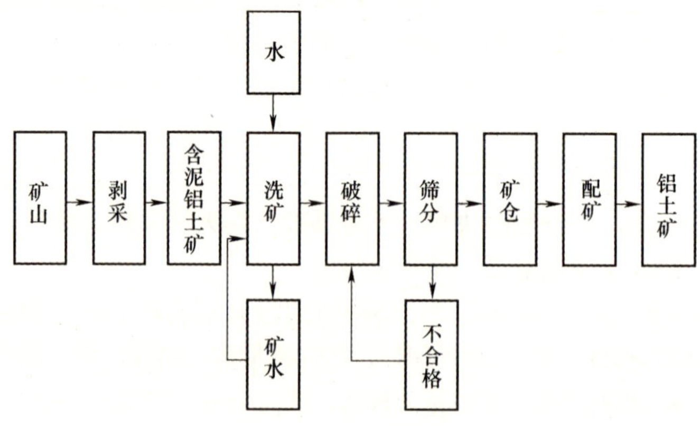

图2-1 铝土矿开采流程

铝土矿开采可能造成的主要环境影响如下：

（1）对空气的影响：矿山大气污染源主要为表土剥离、爆破、矿石开采、矿石装卸、交通运输、排土场无组织排放的粉尘。

（2）对水环境的影响：矿山废水主要来自生活污水，主要污染物监测指标包括化学需氧量（COD 或 CODcr）、生化需氧量或生化耗氧量（一般指五日生化需氧量 BOD5）、水（废水）中氨氮含量（NH_3-N）等。

（3）对声环境的影响：矿山噪声主要来自各种动力机械、水泵等设备。

（4）固体废物的影响：工程产生的固体废物主要为剥离的废弃土石和生活垃圾。

（5）对生态环境的影响：露天开采铝土矿给环境带来的生态影响主要为植被破坏、表土层剥离和废石堆存改变土地利用类型、影响地下水，工业场地占地、排土场占地对地表植被的影响及建设期的水土流失影响等。

二、氧化铝生产流程及环境影响

氧化铝是一种两性氧化物，酸法、碱法及电炉熔炼法都可以从铝土矿中得到氧化铝。然而，目前世界各国均采用碱法生产氧化铝，其原理如下：

（1）用碱（NaOH 或 Na_2CO_3）来处理铝矿石，使矿石中的氧化铝转变成铝酸钠溶液，其中的铁、钛、绝大部分的硅及杂质则成为不溶化合物，即赤泥，其与铝酸钠溶液分离并经洗涤后加以处理利用，回收其中的有用成分。

（2）分解经洗涤后的纯净铝酸钠溶液得到氢氧化铝。

（3）将氢氧化铝与母液分离、洗涤、焙烧，最后得到氧化铝。

碱法生产氧化铝的基本流程如图 2-2 所示。

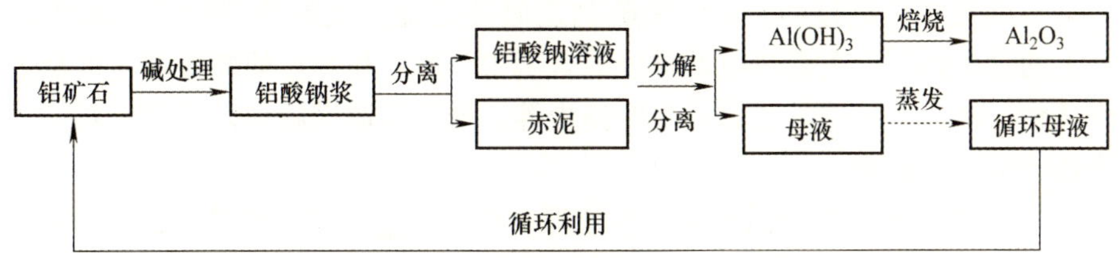

图 2-2　碱法生产氧化铝的基本流程

碱法又分拜耳法、烧结法及联合法三种。

拜耳法是指在高温、高压下，以 NaOH 溶出铝土矿，使反应向右，得到铝酸钠溶液，铁、硅等杂质进入赤泥，然后，向纯净的铝酸钠溶液中添加晶种，使反应向左进行，得到氢氧化铝和含有大量氢氧化钠的母液，母液蒸发后再利用溶解铝土矿，而氢氧化铝经脱水、焙烧后得到氧化铝。

烧结法是指由碱、石灰和铝土矿组成的炉料经过烧结，使炉料中的氧化铝转为铝酸钠，碱液溶出得到铝酸钠溶液，净化后通过二氧化碳气体进行碳分，得到晶体氢氧化铝，最后经脱水、焙烧得到氧化铝。

联合法是指将拜耳法与烧结法结合使用，由于结合方式的不同又分为并联法、串联法和混联法。其中，并联法是用拜耳法处理高铝硅比的铝土矿，用烧结法辅助处理高硅铝土矿，烧结法的精液汇入拜耳法，补充拜耳法系统的苛性碱损失。

串联法是指对于高铝硅比的铝土矿先采用拜耳法提取大部分氧化铝，然后再用烧结法回收拜耳法赤泥中的大量氧化铝和碱，所得到的铝酸钠溶液补入拜耳法系统。串联法主要用于中等品位的铝土矿（如铝硅比为 5 ~ 7 的一水铝土矿）或易溶的三水铝土矿。

由于我国有工业价值的铝土矿多为一水硬铝石，属于高铝高硅低铁难溶的矿石，铝硅比偏低，溶出性能差所以我国主要采用混联法从铝土矿中提炼氧化铝。

混联法是指在串联法中的烧结法系统中同时处理拜耳法产生的赤泥和一部分低品位矿石，使烧结法系统的产量扩大到超过补碱的需要，将多余部分的烧碱法溶液碳酸化分解析出氢氧化铝，其相当于一个串联法厂和烧结法厂同时进行生产。其优点是：①解决了用纯串联法处理低铝硅比铝土矿时苛化能力不够、补碱不足的问题；②提高了炉料中铝硅比，放宽了熟料烧成的温度范围，有利于熟料窑的操作和控制；③增加了碳酸化分解工序，调节过剩苛性碱液，有利于整个流程的协调配合。其缺点是烧结法系统的产能较之串联法提高了，单位产品的投资、能耗和成本增加，产品质量受到影响，流程长，设备繁多，控制复杂。

氧化铝生产可能造成的主要环境影响如下：

（1）氧化铝生产过程中所用脱硫剂还原并焙烧产生的含硫烟气，氧化铝焙烧产生的含尘烟气，配套热电站排放的含烟尘、NO_x 和 SO_2 的燃煤烟气以及生产过程运输、转运、破碎等过程产生的扬尘等，如不采取措施加以治理，对空气环境将会产生一定影响。

（2）生产废水和生活污水如不经处理排放，将会对水环境造成一定影响。

（3）设备噪声对周围环境可能造成一定影响。

（4）赤泥含碱较高，赤泥堆场如不严格进行防渗处理，将可能对地下水环境造成影响。

三、铝用炭素生产流程及环境影响

炭素分为阳极和阴极两种，其中阳极是电解过程的必需消耗品，阳极的二氧化碳反应性、空气反应性、空气渗透率及耐火材料抗冰晶石渗透能力等指标是其中比较重要的参数指标。为提高炭素产品的质量，需要制定相关的产品标准和分析检测标准，如《铝电解用预焙阳极》《铝电解用石墨质阴极炭块》《预焙阳极用煅后石油焦》《阴极用电煅无烟煤》《铝用炭素用石油焦》《铝用炭素材料检测方法 第10部分：空气渗透率的测定》《铝用炭素材料检测方法 第23部分：预焙阳极空气反应性的测定》《铝用炭素材料检测方法 第24部分：预焙阳极二氧化碳反应性的测定》《铝用炭素材料检测方法 第26部分：耐火材料抗冰晶石渗透能力的测定》等。

其中，电解铝用预焙阳极生产采用煅烧石油焦、沥青和返回料（电解铝厂返回的电解残极、焙烧碎料、生碎料）为原料，经破碎、筛分、配料，生产出生阳极，再经焙烧得到预焙阳极产品，工艺流程如图 2-3 所示。

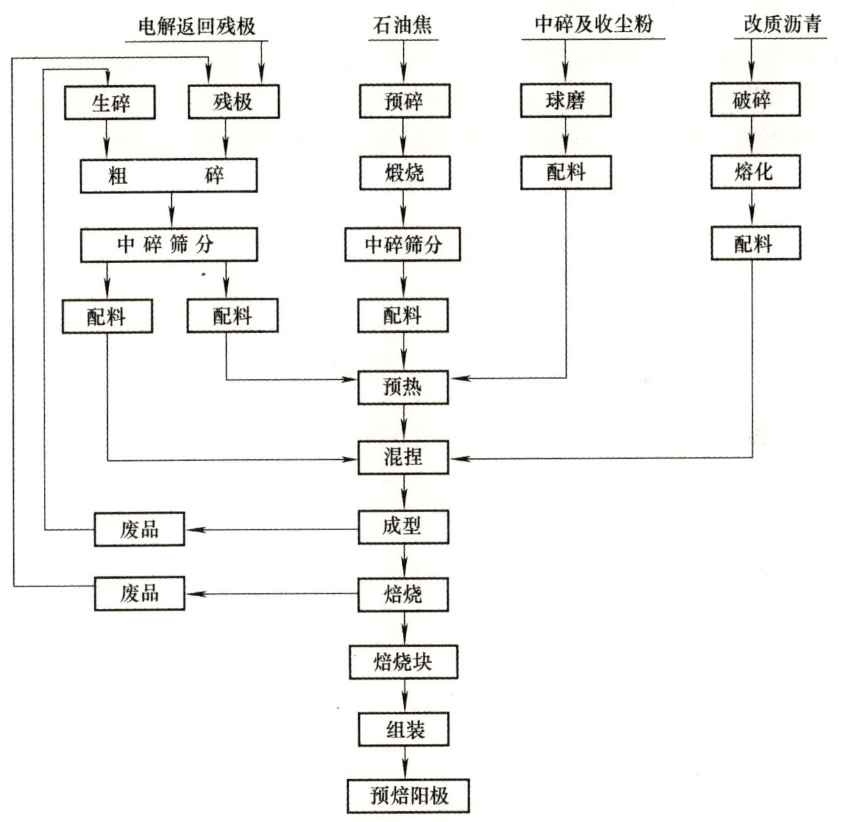

图 2-3 铝用炭素——预焙阳极生产工艺流程

铝用炭素——预焙阳极生产可能造成的主要环境影响如下：

（1）对空气的影响：生石油焦煅烧初始采用天然气为燃料，正常生产后采用石油焦煅烧过程中产生的挥发分为燃料，燃烧产生的含烟尘、SO_2 及 NO_x 的高温废气；沥青熔化过程中产生的含沥青烟、苯并芘的废气；生阳极车间的混捏、成型生产过程中产生的含烟尘、沥青烟、苯并芘的废气；焙烧炉生产过程中产生的含烟尘、SO_2、NO_x、沥青烟、苯并芘、氟化物的废气。

（2）对水的影响：工程产生的生产废水有设备间接冷却废水、生阳极直接冷却废水、煅烧烟气脱硫废水和脱盐水；工程产生的生活污水污染。

（3）对声环境的影响：筛分设备、破碎设备、磨粉机、成形机、混捏机、风机、空压站、冷却塔、水泵等产生的噪声。

（4）预焙阳极生产产生的固体废物有焙烧废品、生废品、细填充料、废耐火材料、除尘灰、焦油、脱硫渣等。

四、电解铝生产工艺流程及环境影响

现代铝工业生产普遍采用霍尔-埃鲁特工艺，即冰晶石-氧化铝熔盐电解法，其主要生产设备是电解槽，所需原材料包括氧化铝、氟化盐（包括冰晶石、氟化铝、氟化钠、氟化钙、氟化镁、氟化锂等）及阳极糊或预焙炭块。其工艺流程如图2-4所示。

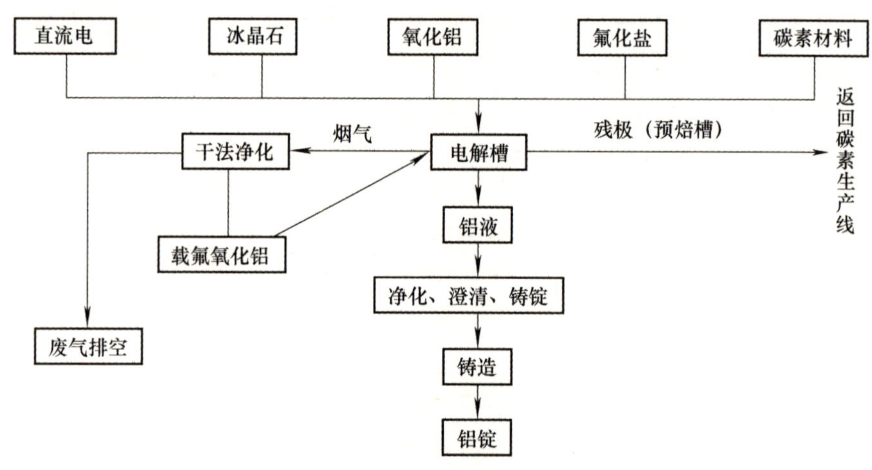

图2-4　霍尔-埃鲁特法电解铝生产工艺流程

氧化铝是电解铝生产过程的主要原料，其熔点很高（2050℃），不易直接熔化提炼铝。但是，由于固态氧化铝能够部分地在熔点相对较低的冰晶石熔液中溶解，成为均匀熔体，而且此熔融物质具有较好的导电性，这就使得铝的电解工艺可以在远低于氧化铝熔点的温度下实现。霍尔-埃鲁特工艺的生产原理即是以冰晶石-氧化铝熔体为电解质，碳素材料为两极，强大的直流电由阳极导入，经过电解质与铝液层从阴极导出，随即在电解槽两极发生电化学反应，使电解质中的铝离子从阴极上得到电子而析出得到铝液，氧离子则在阳极上放电生成一氧化碳（CO）、二氧化碳（CO_2）等的混合气体，其电化学反应过程如下：

（1）阴极反应：在直流电场的作用下，阳离子移动到阴极附近，根据离子的电位次序，虽然钠离子是导电离子，但在正常生产条件下，钠离子并没有在阴极放电，而是铝离子在阴极放电析出成为金属铝。

$$2Al^{3+}(络合)+6e \longrightarrow 2Al(液)$$

（2）阳极反应：在直流电场的作用下，阴离子移动到阳极附近，会在有阳极碳参加的情况下放电析出并生成阳极气体（CO_2）。

$$2O_2^{-}(络合)-4e \longrightarrow O_2$$

$$O_2+C \longrightarrow CO_2$$

阴、阳两级的总反应：

$$2Al_3^{+}(络合)+3O_2^{-}(络合)+1.5C = 2Al+1.5CO_2$$

$$2Al_2O_3+3C = 4Al+3CO_2$$

随着反应不断进行，电解质熔体中氧化铝和阳极碳不断被消耗掉，因此，生产中需不断向电解质熔体中添加氧化铝和补充阳极碳，使生产得以连续进行。冰晶石在原理上不消耗，但在高温熔融状态下会发生挥发物损失和其他机械损失，因此，电解过程中也需作一定的补充。除此之外，还需反应过程中供给大量的直流电能（13 000～15 000 kW·h/tAl），以推动反应向生成铝的方向进行。

电解铝生产可能造成的主要环境影响如下：

（1）对空气的影响：电解槽是铝电解生产中最主要的大气污染源，烟气中主要污染物有氟化物、粉尘和SO_2等；氧化铝输送系统产生粉尘；残极破碎、电解质破碎输送过程中产生炭尘和电解质粉尘。

（2）对水的影响：铝电解生产工艺和污染源治理过程均没有有害物进入水体，但铸造部冷却循环水和整流所循环水排污水中含有少量油类及悬浮物；各车间生活污水中主要污染物是COD、氨氮、总氮、总磷和悬浮物。

（3）固体废物：电解槽大修时产生废炭块、废耐火材料、填充料等固体废渣，渣中主要污染物是电解过程中由以上槽衬材料吸附的氟。

（4）噪声：噪声主要来源于原料储运、阳极组装、烟气净化、空压站等车间或工段。主要噪声设备有电解烟气净化系统风机、氧化铝输送系统风机、空压站的空压机、阳极组装车间的压脱机和破碎机等。

五、铝材加工工艺流程及环境影响

铝产量的85%以上都被加工成板、带、条、箔、管、棒、型、线、粉、自由锻件、模锻件、铸件、压铸件、冲压件及深加工件等铝及铝合金产品。

铝加工按照热处理方式分为热加工、冷加工、温加工。

常见的热加工方法有热挤压、热轧制、热顶锻、模锻、半固态成型、连续铸轧、连铸连轧、连铸连挤等。

常见的冷加工方法有冷挤压、冷顶锻、管材冷轧、冷拉拔、板带箔冷轧、冷冲压、冷弯、旋压等。

常见的温加工方法有温挤、温轧、温顶锻等。

铝产品加工示意图如图 2-5 所示。

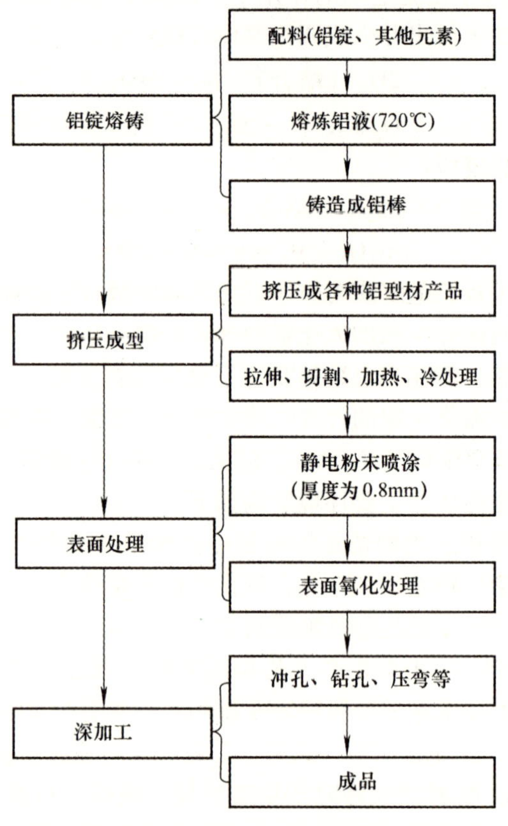

图 2-5 铝产品加工示意图

铝加工过程可能造成的主要环境影响包括熔炼炉燃烧过程中的金属氧化物、烟气、粉尘、氮氧化物、二氧化硫等的产生，废水的排放，热污染及熔炼废渣、烟灰等固体废物的产生，风机、机械设备等产生的噪声排放；加热过程和工件产生的热污染，火灾危险，粉尘及有毒有害烟气的排放、炉渣及氧化铝等废弃物的排放；机械加工过程中的润滑、冷却、传动等系统产生的含油废液的排放；表面清理及砂轮机工作时磨料、铝屑的排放；加热过程产生的油烟及一氧化碳、氨、氮氧化物、硝盐蒸气等有毒有害气体的泄漏；喷涂过程中的喷粉、苯、二甲苯、酸雾、碱雾的挥发及涂装废水的排放等。

第二节 我国铝业生产模式的演进状况

结合铝业生产工艺特点，我国铝业生产模式的演进情况概括如下：

（一）铝业线性生产模式

铝业线性生产模式是指在铝土矿开采、选矿、氧化铝生产、铝用炭素材料生产、电解铝生产、铝及其合金制品加工等的整个生产经营过程中不注重资源的合理开发与有效利用、不注重能源节约、工业“三废”直接排入环境的生产方式。其具体内容简要列举如下：

（1）将铝土矿开采过程中剥离的矿石及选矿过程中的尾矿渣随意排放。

铝土矿在开采过程中，一方面由于自然表层被剥离，使地表植被和土壤结构遭到彻底破坏，另一方面由于大量排弃岩土，掩埋其他自然地表，再次占用土地。两方面共同作用，破坏了矿区地表土壤、植被，增加了地面裸露面积，使地表植被对雨水的蓄水、拦截作用大大削弱，进而加剧区域内水土流失，由于水土流失会使土壤失去有机质和养分，从而影响植被的发育，如果长此以往形成恶性循环，最终将会导致土壤更加贫瘠，植被难以恢复，生态环境受到严重影响。

（2）将氧化铝生产中产生的赤泥及废碱液随意排放。

氧化铝生产过程中会产生大量的碱性工业废水、工业炉窑含尘废气和赤泥。有关铝工业污染源控制研究报告资料表明，我国每生产 1 t 氧化铝所排放的工业“三废”量为：工业废水 8.0 ~ 20.0 m^3、含尘废气为（0.96 ~ 2.10）$\times 10^4$ Nm^3、工业粉尘为 2.3 ~ 5.7 kg、赤泥 0.92 ~ 2.1kg。值得注意的是，我国作为世界最大的氧化铝生产国，每年排放的赤泥高达数百万吨，由于赤泥中含有大量的强碱性化学物质，稀释 1/10 后的 pH 值仍为 11.25 ~ 11.50（原土为 12 以上），极高的 pH 值决定了赤泥对生物和金属、硅质材料的强烈腐蚀性。高碱度的污水渗入地下或进入地表水，使水体 pH 值升高，以致超出国家规定的相应标准，同时由于 pH 值的高低常常影响水中化合物的毒性，因此还会造成更为严重的水污染。

（3）对铝电解过程中产生的 CO_2、CO、CF_4、C_2F_6、SO_2 等气体及 $Na_5Al_3F_{14}$ 和 AlF_3 等颗粒氟化物、氧化铝粉尘、碳尘等不进行任何治理，而是直接向大气中排放等。

在 20 世纪五六十年代，即我国铝业发展初期，可以认为我国铝业生产采取的就是线性生产模式。其主要原因：一是当时人们的环境保护意识不强，二是当时的技术水平十分有限。但是，由于当时的铝土矿开采规模小、铝业生产规模小，污染物的排放总量就相对较少，并未引起严重的环境污染与生态破坏问题，铝业线性生产模式的危害性并未引起人们清醒的认识与足够的重视。

尽管在 20 世纪 70 年代之后，特别是在 20 世纪 90 年代开展清洁生产工作以来，治理环境污染、加强环境保护工作被提上议事日程，在铝业生产的“三废”治理受到广泛关注的背景下，我国民营、小规模群采的铝土矿还普遍存在着乱挖滥采、采富弃贫、采大弃小和破坏环境的现象，回采率不足三成，资源损失严重，而这种民采铝土矿的产量约占我国冶金用铝土矿总量的65%。在一些小型、民营的氧化铝、铝用炭素、电解铝生产企业，无污染治理设备、设施，或者污染治理设备、设施形同虚设，“三废”直接排放并污染破坏生态环境的情况时有发生。因此，铝业线性生产模式至今依然存在。

（二）铝业生产末端治理模式

20世纪70年代初期，全国性的环境保护工作得以起步，我国铝业生产也步入了“末端治理模式”阶段，即对铝土矿开采、选矿、氧化铝生产、铝用炭素材料生产、电解铝生产、铝及其合金制品加工等的整个生产经营过程中产生的废渣、废水、废气等加装末端治理装置，进行末端治理。其具体内容也简要列举如下：

（1）将铝土矿开采过程中剥离的矿石、选矿过程中的尾矿渣及氧化铝生产中产生的赤泥等筑坝堆存，尔后复垦造地。

（2）将氧化铝生产中产生的废碱液加以回收利用。

（3）对铝电解槽安装槽罩系统，通过强制排风，将铝电解过程中产生的CO_2、CO、CF_4、C_2F_6、SO_2等气体及$Na_5Al_3F_{14}$和AlF_3等颗粒氟化物、氧化铝粉尘、碳尘等抽入主烟管，然后送往烟气净化设备中等。

我国铝业生产的末端治理模式一定程度上减少了CO、CF_4、C_2F_6、SO_2等气体及$Na_5Al_3F_{14}$和AlF_3颗粒氟化物、氧化铝粉尘、碳尘、矿渣、赤泥和污水的直接排放，对生态环境保护具有一定的积极作用。但是，随着我国改革开放的逐步深入，我国铝业也获得了快速发展。特别是在“优先发展铝”的20世纪90年代以后，我国铝业更是突飞猛进，生产规模迅速扩大，对铝土矿的需求猛增，所排放的污染物大大增加，由此造成的铝土矿资源短缺及环境污染的问题日益严重，仅靠铝业生产的末端治理措施无法解决日益严重的环境污染与生态破坏问题。

（三）铝业清洁生产模式及清洁-低碳生产模式

自20世纪90年代，随着“可持续发展”战略的实施，构建我国铝业的清洁生产模式及清洁-低碳生产模式成为各方广泛关注的问题。

我国铝业的清洁生产及清洁-低碳生产模式是指以可持续发展原则为指导，遵循“持续改进”“整体预防”“源头控制”等策略，从产业链的各个环节及产品设计、技术开发、产品生产、产品消费的全过程探索降低各项原材料、能源消耗，提高生产效率，使废物最小化及减少CO_2排放的生产模式。

具体到电解铝清洁-低碳生产而言，就是要围绕最大限度地提高铝电解生产的电流效率、最大限度地降低 CO、CF_4、C_2F_6、SO_2 等气体及 $Na_5Al_3F_{14}$ 和 AlF_3 颗粒氟化物、氧化铝粉尘和碳尘的排放两个主题做文章，包括电流强化，延长电解槽寿命（涉及槽壳结构、母线设计、内衬设计、材料、筑炉质量、焙烧启动和正常槽管理等因素），采用不停电停、开电解槽方法，采用石墨化阴极、开槽阳极等诸多措施，具体的实施路径与方案设计在第八章详细论述。

第三节　我国铝业生产模式的现状分析

一、实地走访情况分析

为了全面、准确地了解我国铝业生产模式的整体状况，在 2009 年 8 月至 2014 年 5 月的近五年间，我们先后实地走访了中国有色金属工业协会和中国铝业集团公司，以及中国铝业公司所属山东分公司、河南分公司、贵阳分公司、贵阳铝镁设计研究院等 20 多家单位，涉及铝土矿开采、选矿、氧化铝生产、铝用炭素材料生产、电解铝生产、铝及其合金制品加工等多个生产环节，通过与相关领导、工程技术人员及一线员工的座谈，得出以下四点基本一致的结论。

（1）面对我国环境污染及生态破坏日益严重的现实情况，实施可持续发展战略以及科学发展观的理念已经深入人心，包括我国铝业干部、员工在内的广大群众都认识到保护生态环境的重要性，人们的环境保护意识明显增强，实现我国铝业的清洁-低碳生产模式受到广泛关注与欢迎。

（2）实现我国铝业的清洁-低碳生产模式是不可能一蹴而就的，而是一个持续不断的改进过程。就铝土矿开采、选矿、氧化铝生产、铝用炭素材料生产、电解铝生产、铝及其合金制品加工和回收利用等的全过程而言，一方面应该充分肯定实现我国铝业清洁-低碳生产模式的积极努力；另一方面，又要深刻地认识到实现我国铝业清洁-低碳生产模式的道路很漫长。总体而言，以末端治理模式为主是目前我国铝业生产模式的基本特征。

（3）就铝土矿开采、选矿、氧化铝生产、铝用炭素材料生产、电解铝生产、铝及其合金制品加工、回收利用等的各个阶段而言，由于各自的生产工艺特点不同、对环境的影响程度不同、实现清洁-低碳生产模式的难易程度不同，因此各个阶段的清洁-低碳生产模式实现情况也各不相同。

目前，清洁-低碳生产模式的实现程度最高的属铝及其合金制品加工、回收利用两个阶段；实现程度最低的是铝土矿开采、选矿阶段；氧化铝生产、铝用炭素材料生产、电解铝生产等阶段实现清洁-低碳生产模式的难度较大。

（4）受经济利益的驱使，不顾环境的线性生产模式在部分铝企业中依然存在。其中，有些企业污染治理设施、设备形同虚设，有些企业非法偷排，尤其是一些民营、小规模群采的铝土矿滥采乱挖、采富弃贫、采大弃小和破坏环境的现象十分严重，属于典型的线性生产模式。

二、专家调查法情况分析

为了获得关于我国铝业生产模式的一些数据资料，在实地走访的基础上，利用中国有色金属工业协会于2011年3月在郑州轻金属研究院召开的“全氟化碳（PFC）测量培训暨排放基准确定研讨会”的机会，采取专家调查法（也称德尔菲法）作了进一步的调查分析，有关情况如下：

（一）甄选、确定了18名参会代表组成专家小组

此次“全氟化碳（PFC）测量培训暨排放基准确定研讨会”的参会代表共40余人，分别来自中国有色金属工业协会、郑州轻金属研究院、河南中孚实业股份有限公司、北京矿冶研究总院、中南大学、北方工业大学、南山铝业集团公司、湖南创元铝业有限公司、中电投宁夏青铜峡能源铝业集团有限公司、河南豫港龙泉铝业有限公司、云南铝业股份有限公司、沈阳铝镁设计研究院、贵阳铝镁设计研究院、东北大学设计研究院等单位，他们分别是铝业生产领域的专家、学者或工程技术人员，国际知名的PFC研究与测量专家杰里·马克斯（Jerry Marks）博士应邀参加了会议。从40余名参会代表中甄选、确定了18名代表组成专家小组，其中7人来自研究设计院、6人来自企业、3人来自高校、2人来自中国有色金属工业协会，在专家小组构成中分别占39%、33%、17%、11%，如图2-6所示。

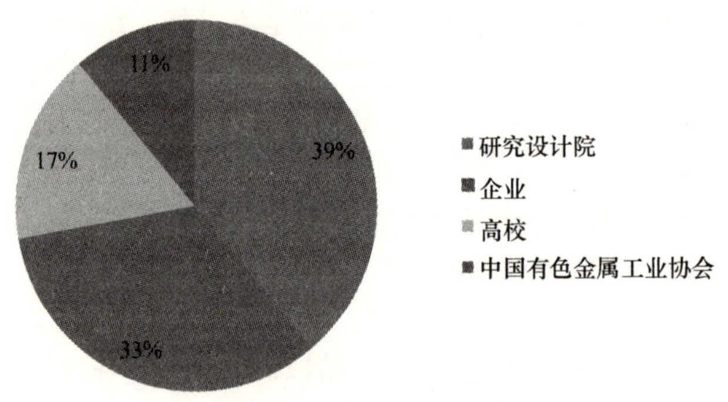

图2-6 专家小组构成

（二）向各位专家提出了所要调查的问题及要求

会议期间向各位专家介绍了我国铝业生产模式的四种分类及各自的含义，旨在使专家更全面地了解此次调查的目的；之后向各位专家发放了所要调查的问题及要求，并附上了有关我国铝业生产模式及分类问题的背景材料，同时请专家提

出其所需材料，请各位专家进行书面选择作答。所要调查的问题如下：

（1）您认为我国铝业生产中目前还存在直接向环境排放的线性生产模式吗？如果存在，您认为直接向环境排放的铝企业数量占铝企业总数的比例有多大？在向环境直接排放污染物或不进行任何治理的铝企业中，主要发生在铝土矿开采、氧化铝生产、电解铝生产、铝用炭素材料生产、铝及其合金制品加工等哪个环节？各自的比重多大？具体问题见表 2-1。

表 2-1　我国铝业生产模式调查表（一）

<table>
<tr><td>问题一</td><td colspan="5">您认为我国铝业生产中目前还存在直接向环境排放的线性生产模式吗？</td></tr>
<tr><td colspan="6">不存在(　)</td></tr>
<tr><td colspan="6">存在(　)
直接向环境排放的铝企业数量占铝企业总数的比例为：
10%以下(　)10%～30%(　)30%～50%(　)50%以上(　)</td></tr>
<tr><td>发生环节</td><td>铝土矿开采
(　)</td><td>氧化铝生产
(　)</td><td>电解铝生产
(　)</td><td>炭素材料生产
(　)</td><td>铝及其合金制品加工
(　)</td></tr>
<tr><td>发生比例</td><td>10%以下(　)
10%～30%(　)
30%～50%(　)
50%以上(　)</td><td>10%以下(　)
10%～30%(　)
30%～50%(　)
50%以上(　)</td><td>10%以下(　)
10%～30%(　)
30%～50%(　)
50%以上(　)</td><td>10%以下(　)
10%～30%(　)
30%～50%(　)
50%以上(　)</td><td>10%以下(　)
10%～30%(　)
30%～50%(　)
50%以上(　)</td></tr>
</table>

（2）您认为目前我国铝业的生产模式主要为末端治理模式吗？如果不是，您认为目前我国铝业生产主要为哪种模式？如果是，主要在铝土矿开采、氧化铝生产、电解铝生产、铝用炭素材料生产、铝及其合金制品加工等哪个环节采取了末端治理？各自的比重多大？具体问题见表 2-2。

表 2-2　我国铝业生产模式调查表（二）

<table>
<tr><td>问题二</td><td colspan="5">您认为目前我国铝业的生产模式主要为末端治理模式吗？</td></tr>
<tr><td colspan="6">不是(　)
目前我国铝业的主要生产模式为以下哪个（些）？其比例为多少？</td></tr>
<tr><td colspan="2">生产模式</td><td>线性生产
(　)</td><td colspan="2">清洁生产
(　)</td><td>清洁-低碳生产
(　)</td></tr>
<tr><td colspan="6">是(　)
主要在哪个（些）环节采取了末端治理？其比重为多少？</td></tr>
<tr><td>治理环节
（可多选）</td><td>铝土矿开采
(　)</td><td>氧化铝生产
(　)</td><td>电解铝生产
(　)</td><td>炭素材料生产
(　)</td><td>铝及其合金
制品加工(　)</td></tr>
<tr><td>采用比例</td><td>10%以下(　)
10%～30%(　)
30%～50%(　)
50%以上(　)</td><td>10%以下(　)
10%～30%(　)
30%～50%(　)
50%以上(　)</td><td>10%以下(　)
10%～30%(　)
30%～50%(　)
50%以上(　)</td><td>10%以下(　)
10%～30%(　)
30%～50%(　)
50%以上(　)</td><td>10%以下(　)
10%～30%(　)
30%～50%(　)
50%以上(　)</td></tr>
</table>

（3）您认为我国铝业清洁生产及清洁-低碳生产的整体开展情况如何？在铝土矿开采、氧化铝生产、电解铝生产、铝用炭素材料生产、铝及其合金制品加工等哪个环节取得的效果最为显著？具体问题见表 2-3。

表 2-3 我国铝业生产模式调查表（三）

问题三	您认为我国铝业清洁生产及清洁-低碳生产的整体开展情况如何？				
好（ ）		一般（ ）		不好（ ）	
取得效果最为显著的环节及措施分别是以下哪个？					
环节（可多选）	铝土矿开采（ ）	氧化铝生产（ ）	电解铝生产（ ）	炭素材料生产（ ）	铝及其合金制品加工（ ）

（三）将各位专家第一次判断意见汇总，列成图表，进行对比

关于问题一，18 位，即 100% 的专家均认为我国铝业生产中目前还存在直接向环境排放的线性生产模式。其中，直接向环境排放的铝企业数量占铝企业总数的比例，有 15 位专家认为在 10% 以下，有 2 位专家认为在 10% ~30%，有 1 位专家认为在 30% ~50%，如图 2-7 所示。

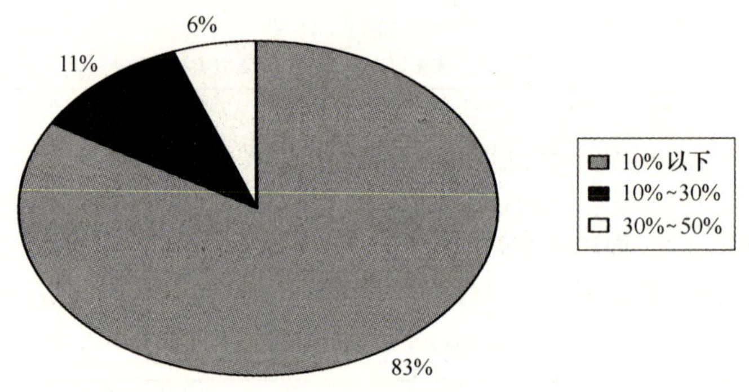

图 2-7 专家认为直接排放企业比例数

在向环境直接排放污染物或不进行任何治理的问题中，有 12 位专家认为主要发生在铝土矿开采，其中，有 8 位专家认为在 10% 以下，有 3 位专家认为在 10% ~30%，有 1 位专家认为在 30% ~50%；有 4 位专家认为主要发生在氧化铝生产环节，其中，有 2 位专家认为在 10% 以下，有 1 位专家认为在 10% ~30%，有 1 位专家认为在 30% ~50%；有 2 位专家认为主要发生在电解铝环节，其中，有 1 位专家认为在 10% 以下，有 1 位专家认为在 10% ~30%；有 9 位专家认为主要发生在铝用炭素材料生产环节，其中，有 4 位专家认为在 10% 以下，有 3 位专家认为在 10% ~30%，有 1 位专家认为在 30% ~50%；有 1 位专家认为在 50% 以上。具体如图 2-8、图 2-9 所示。

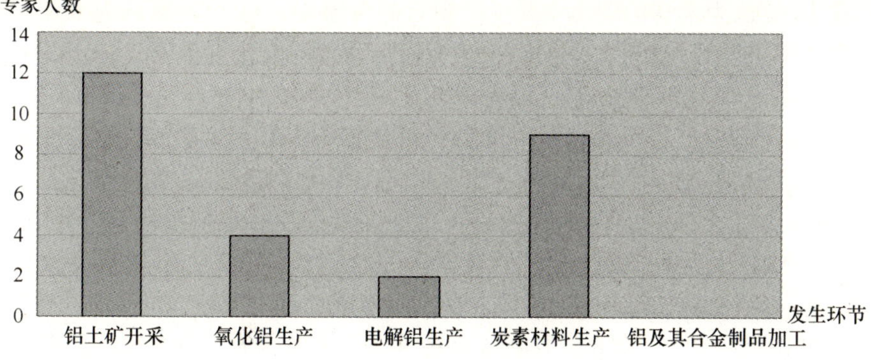

图 2-8　专家认为直接排放发生环节

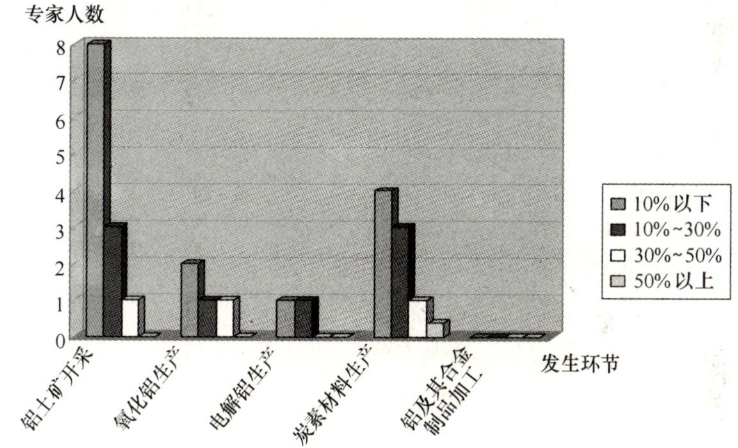

图 2-9　专家认为各环节发生比例

关于问题二，有 6 位专家认为末端治理模式不是我国目前铝业生产的主要模式，其中，2 位专家认为线性生产模式为主要模式，2 位专家认为清洁生产模式为主要模式，2 位专家认为清洁-低碳生产模式为主要模式；有 12 位专家认为我国目前铝业的生产模式主要为末端治理模式。具体如图 2-10 所示。

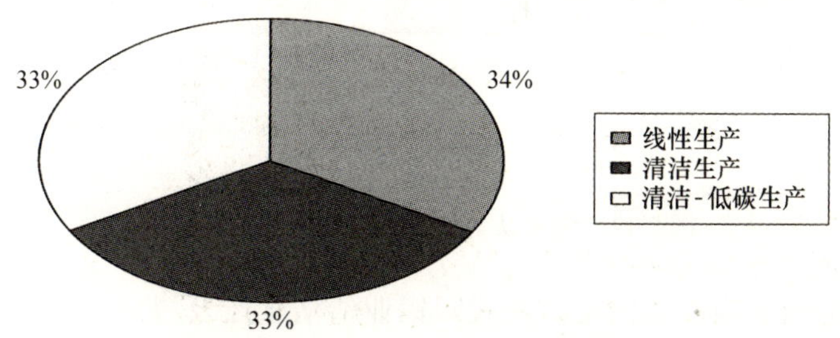

图 2-10　专家认为主要生产模式

在12位认为末端治理为主要生产模式的专家中，11位专家认为末端治理主要发生在铝土矿开采环节，其中，1位专家认为该环节比重在10%以下，有2位专家认为在10%～30%，有4位专家认为在30%～50%，有4位专家认为在50%以上；有14位专家认为主要发生在氧化铝生产环节，其中，2位专家认为在10%以下，有1位专家认为在10%～30%，有6位专家认为在30%～50%，有5位专家认为在50%以上；有10位专家认为主要发生在电解铝环节，其中，有2位专家认为在10%～30%，有4位专家认为在30%～50%，有4位专家认为在50%以上；有12位专家认为主要发生在铝用炭素材料生产环节，其中，有1位专家认为在10%～30%，有6位专家认为在30%～50%，有5位专家认为在50%以上；有3位专家认为主要发生在铝及其合金制品加工环节，其中，有2位专家认为在10%以下，有1位专家认为在10%～30%。具体如图2-11、图2-12所示。

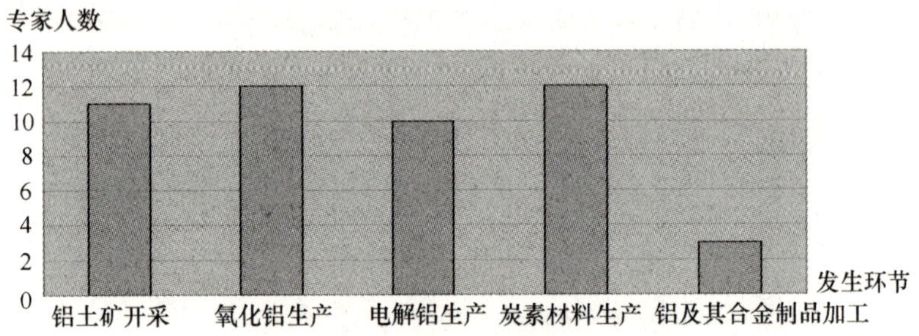

图2-11 专家认为末端治理主要发生环节

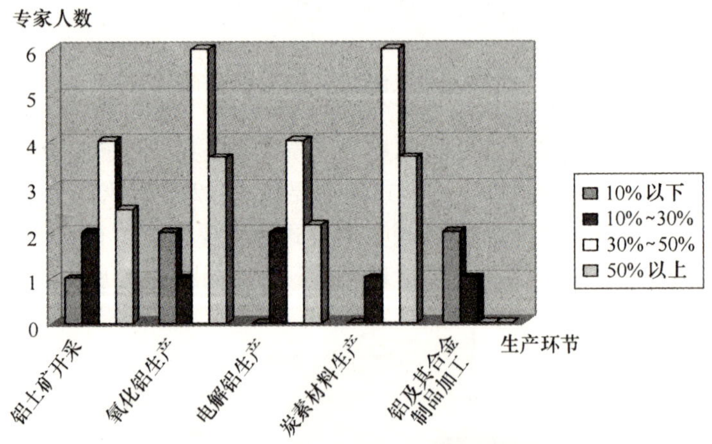

图2-12 专家认为各环节采取末端治理比例

关于问题三，有5位专家认为我国铝业清洁生产及清洁-低碳生产的整体开展情况好，有7位专家认为我国铝业清洁生产及清洁-低碳生产的整体开展情况一般，有 6 位专家认为我国铝业清洁生产及清洁-低碳生产的整体开展情况不好，如图 2-13 所示。

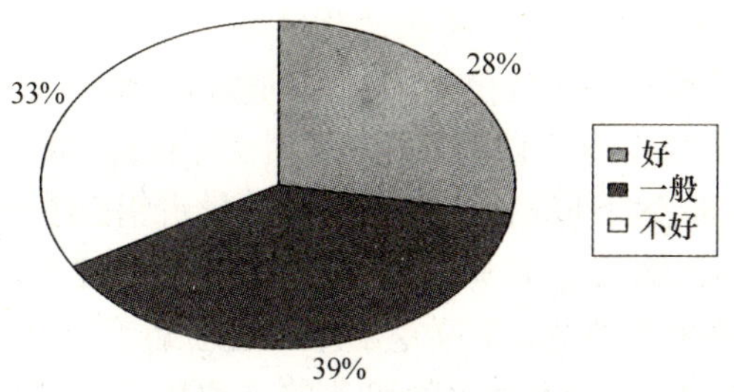

图 2-13 专家认为清洁生产及清洁-低碳生产开展情况

在 18 位专家中，有 8 位专家认为清洁生产及清洁-低碳生产在铝土矿开采环节中取得的效果最为显著，有 6 位专家认为在氧化铝生产环节中取得的效果最为显著，有 6 位专家认为在电解铝生产环节中取得的效果最为显著，有 9 位专家认为在铝用炭素材料生产环节中取得的效果最为显著，有 5 位专家认为在铝及其合金制品加工环节中取得的效果最为显著，如图 2-14 所示。

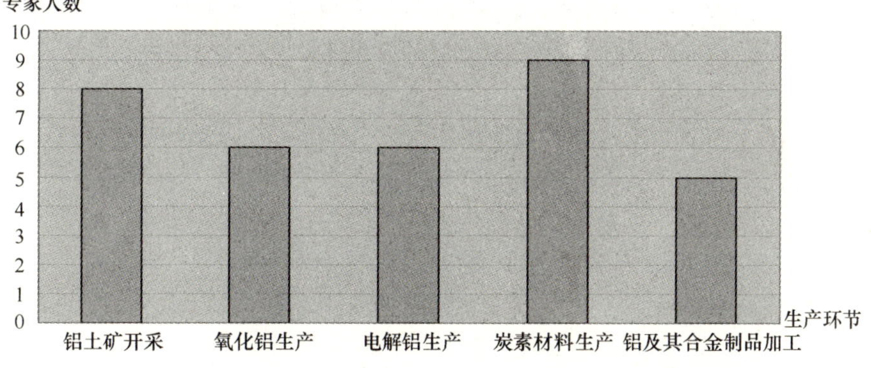

图 2-14 专家认为我国铝业清洁生产及清洁-低碳生产效果显著的环节

（四）汇总专家意见

关于问题一，专家意见的汇总结果为：目前我国铝业生产中依然存在直接向环境排放的线性生产模式，直接向环境排放的铝企业数量占铝企业总数的比例约在 10% 以下。污染物的直接排放主要发生在铝土矿开采和铝用炭素材料生产环节。

关于问题二，专家意见的汇总结果为：目前我国铝业的主要生产模式为末端治理模式，采用末端治理模式的环节主要为铝土矿开采环节、氧化铝生产环节、电解铝生产环节及铝用炭素材料生产环节。

关于问题三，专家意见汇总结果为：我国铝业清洁生产及清洁-低碳生产的整体开展取得了一定成绩，但仍有很大的提升空间。

（五）汇总专家的修改意见，得出分析结论

将上述汇总意见再次发给各位专家，收到修改后的专家意见并汇总如下：

关于问题一，18 位专家均认为我国铝业生产中目前依然存在线性生产模式，其中 17 位专家认为直接向环境排放的铝企业数量占铝企业总数的比例在 10% 以下，1 位专家认为该比例大于 10%。15 位专家认为线性生产模式主要在铝土矿开采、铝用炭素材料生产环节，3 位专家持其他意见。

关于问题二，16 位专家认为我国铝业的主要生产模式为末端治理模式，采用末端治理模式的环节包括铝土矿开采、氧化铝生产、电解铝及铝用炭素材料生产等，2 位专家持其他意见。

关于问题三，18 位专家均认为我国铝业清洁生产及清洁-低碳生产的整体开展取得了一定成绩，但仍有很大的提升空间。

据此，分析结论如下：在我国铝业生产中，尤其是在铝土矿开采、铝用炭素材料生产环节，目前依然存在不顾环境的线性生产模式。

第三章 低碳生产模式的特征与构建

低碳生产模式是一种全新的生产模式，是对清洁生产模式的继承与发展。本章旨在论述低碳生产模式的特征与构建意义。

第一节 低碳生产模式的特征

一、低碳生产模式的提出背景

“低碳生产”，英文为 Low Carbon Production/Manufacturing，缩写为 LCP 或 LCM，是相对于大量消耗煤炭、石油等化石能源，并以高能耗、高碳排放、高污染为特征的“高碳生产”而言的。

在 18 世纪的欧洲工业革命之前，人类的主要活动是农业（包括林业、畜牧业、渔业等，人们将其称为第一产业，Primary Industry），人类利用土地的自然生产力，栽培植物或饲养动物，以获得所需的产品，可谓是“低碳生产”。由于人类的经济活动规模较小，所排放的废弃物远远小于环境容量和净化能力所允许的范围。尽管当时对环境和生态的破坏同样存在，但这种破坏的影响范围和程度都是比较小的，多数情况下是微不足道的。

欧洲工业革命于 18 世纪中叶开始，分别以蒸汽机、内燃机的发明为标志，人类社会经历了“蒸汽时代”和“电气时代”，包括煤炭、石油、电力、钢铁、汽车、造船、电子、纺织工业及建筑业等在内的第二产业（Secondary Industry）发展迅速，地位普遍上升。在第二次世界大战之后，以核能、电子计算机、空间技术、生物工程的发明和应用为标志开始了第三次科技革命浪潮，人类社会跨入“信息时代”，包括商业、交通、通信、金融、文化、教育、科技、信息等在内的第三产业（Tertiary Industry）获得巨大发展。

在历经三个多世纪的工业及科技革命进程中，煤炭、石油、天然气等化石（碳基）能源成为工业生产及人类生活的主要能源，表现为高能耗、高碳排放、高污染的“高碳生产”特征。由于大量消耗煤炭、石油、天然气等化石能源，致使地层中沉积碳库的碳以较快的速度流向大气碳库，从而引发了温室气体效应。联合国开发署（UNDP）发表的 2007—2008 年人类发展报告指出，在过去的100年间，世界平均气温上升了0.74℃；20世纪后半叶北半球是过去1300年中最为暖和的50年；冰川大幅度消融；气象灾害和气候异常事件频发；海平面上升。这种趋势如果得不到扭转，21世纪末，气温可能上升4℃，海平面将可能上升60cm，给生态系统、食物与淡水供应及人类居住都将带来深入持久的影响。全球气候变暖以及一系列环境灾难，是低碳生产模式提出的直接原因。

其次，煤炭、石油等碳基能源逐步耗竭是发展低碳生产的内在要求。据世界银行统计，在20世纪的100年中，人类共消耗煤炭2650亿t，消耗石油1420亿t，消耗钢铁380亿t，消耗铝7.6亿t，消耗铜4.8亿t。目前全球能源消费结构中，碳基能源（煤炭、石油、天然气）在总能源中所占的比重高达87%。按照现有的世界能源储量、技术经济水平及开采强度，煤炭可开采200多年，石油可开采40多年，并且化石能源的经济成本越来越高，技术也要求越来越高。未来经济的发展如果仍然采用高碳模式，到21世纪中期，地球将不堪重负。

英国政府正是从其作为《京都议定书》缔约国的温室气体减排义务和对进口能源高度依赖的实际情况出发提出了低碳经济概念，确立了英国降低二氧化碳排放量、建立低碳经济社会的目标，即在1990年的水平上到2020年减少20%的二氧化碳排放量，到2050年减少60%，要求通过提高资源的生产率，以更少的污染获取更多的经济产出。2007年12月，联合国气候变化大会制定了应对气候变化的"巴厘路线图"，要求发达国家在2020年前将温室气体减排25%～40%。2008年，联合国环境规划署将该年"世界环境日"的主题确定为"转变传统观念，推行低碳经济"。2009年的哥本哈根会议各方虽然未就控制温室气体排放达成协议，但它却是推进全球向低碳经济转型的开始。

相对于大量消耗煤炭、石油等化石能源，并以高能耗、高碳排放、高污染为特征的"高碳生产"而言，以低碳生产为基本内涵的发展模式便提到了日程上。

二、低碳生产模式的基本特征

与"高碳生产"相比，低碳生产模式应该具备以下基本特征：

（1）整体预防。在产品的整个生命周期内将原材料供应、生产技术、产品设计、生产过程、经营管理等各个环节的物质流、能量流、污染物流有机结合起来，采取"整体预防"措施及最佳的管理模式，实现最少的资源、能源使用，最小的环境影响，最优化的生产水平。其中，生命周期评价（Life Circle Assessment，LCA），也称寿命周期分析（Life Circle Analysis）的运用是"整体预防"环境战略的具体表现。

（2）源头控制。在低碳生产模式下，彻底改变了线性生产及末端治理等传统模式下被动、滞后的污染控制手段，采取"源头控制"手段，强调变被动为主动，不仅效率高，并且经济效益好，容易被企业所接受。

（3）低能耗。工业生产中的能耗包括直接能耗和间接能耗。直接能耗由第一次能源消耗（煤、油和天然气等）和第二次能源消耗（煤气、电和蒸汽等）组成；间接消耗是指产品生产所需的原材料、设备、厂房等在其取得或建造过程中的能源消耗。两者之和称为全能耗。产品生产的全能耗示意图如图 3-1 所示。

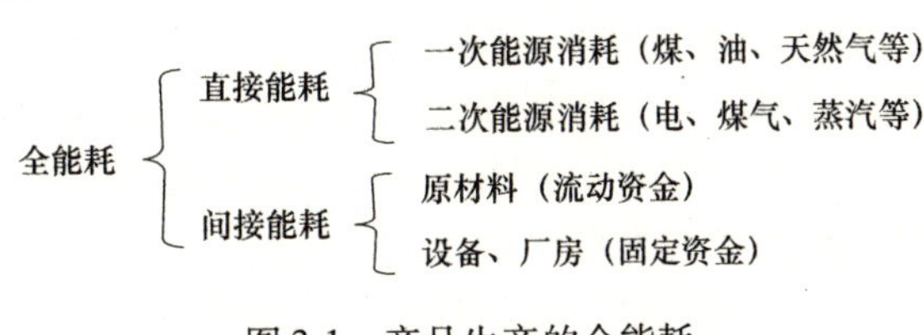

图 3-1　产品生产的全能耗

在全面研究能源消耗、实现工业企业低碳生产的问题时，应同时考虑直接能耗与间接能耗，既要千方百计降低单位产品或单位产值的直接能耗，又要千方百计降低原材料的消耗，充分发挥设备、厂房的作用，使单位产品或单位产值的间接能耗最低。低能耗既是工业企业低碳生产应该具备的基本特征，又是工业企业实现低碳生产的前提条件。

（4）低碳排放。工业企业低碳生产的基本目标是实现低碳排放，即努力降低或减少包括二氧化碳在内的温室气体排放，保护生态环境。因此，工业企业的低碳生产必须是低碳排放的生产。否则，就不能称其为低碳生产，同时也就失去了低碳生产的意义。

低碳排放可以分为相对低碳排放和绝对低碳排放两项。前者基于资源投入与产出的成本效益原则而言，如果生产过程中单位碳要素投入带来经济利益的相对增加，即温室气体排放量的增加幅度低于生产产出（可以一定时期的生产总值或销售收入表示）的增长幅度，则可称为相对低碳排放；后者则强调一定时期内一个企业碳排放总量的绝对降低。

然而，即使一个企业、一个行业、一个地区实现了相对低碳排放，由于过度追求生产发展，碳排放总量依然可能大幅度增加，从而无法遏制由于二氧化碳等温室气体排放引起的全球气候变暖以及一系列环境生态问题。因此，低碳排放不应仅仅是相对低碳排放，而应以整个国际社会排放总量的绝对降低为目标。在相对低碳排放基础上，实现一个企业、一个行业、一个地区乃至整个国际社会的绝对低碳排放是低碳生产的基本特征。

（5）低污染。在由于人为原因造成的二氧化碳排放总量中，超过三分之二的排放来自能源使用和工艺排放，其中约有 36% 来自工业；而在工业生产造成的二氧化碳排放中，钢铁、水泥、塑料、纸和铝五种主要原料的生产排放占到了 56% 以上。实现工业企业的低碳生产，即通过不断降低能耗、减少碳排放，会使能源使用所带来的烟雾、光化学烟雾和酸雨等危害以及温室气体排放引发的全球气候变暖得到明显改善。

（6）高产出。高产出是指用更少的物质和能源消耗产生出更多的社会财富。在有关低碳生产的研究中，我们引入碳生产力指标，用以衡量低碳生产的实现程度。碳生产力指单位二氧化碳排放所产出的产品产值或一个行业、一个地区或国家的生产总值（GDP），其数值越高，表明低碳生产的实现程度越高。

（7）行业性。行业性是指在不同的发展阶段，一个国家（或地区）的产业结构不同，对能源的消耗强度及由此引起的碳排放强度不同。在三个产业中，第二产业的能耗强度就远高于第一产业和第三产业。在第二产业中，重化工业的能耗强度远高于一般制造业；而且在同一行业中，技术水平越低则能耗强度越高。可见，产业结构影响能源消耗总量和能耗强度，第二产业是实现节能、减排，促进低碳生产的重点行业。

（8）层次性。层次性是指应从微观、中观或宏观不同的层面分析低碳生产的实现方式。

首先，在微观层面，不管处于社会发展的何种形态，生产活动都是由不同的微观主体（个人或企业）进行的。18 世纪欧洲工业革命以来，机器大工业代替以手工技术为基础的工场手工业，企业成为市场经济活动的主要参加者、社会生产和流通的直接承担者。企业低碳生产的内涵就是指从源头及生产过程中降低二氧化碳排放的过程。此外，如果生产过程中的能源效率较低，就会产生能源过度耗费问题；与此同时，如果生产运营方案不佳，也会导致大量二氧化碳排放到大气中。因此，低碳生产的内涵应从环境的概念扩展到能源消费及生产效率等方面。

其次，汇总一个行业、一个地区或一个国家内的众多微观主体的生产活动，从而构成了中观或宏观层面的社会生产活动，形成不同的产业集群或总体。中观或宏观层面的低碳生产就是以减少二氧化碳等温室气体排放为基本目标，以构筑低能耗、低污染为基础的生产体系。

（9）持续改进。工业企业低碳生产的实现不是一蹴而就的，不论是降低能耗，还是减少碳排放，都不是一朝一夕所能够做到的，而是一个持续不断的改进过程。从一定意义上讲，工业企业低碳生产是持续不断地降低全能耗及碳排放的改进过程。因此，应该基于“持续改进”及“动态平衡”的思想，从产业链的各个环节及产品设计、生产、消费、处置的整个生命周期探索节约能源消耗、减少二氧化碳排放的实现途径。具体包括：①减少碳源排放；②提高机器、设备的能源效率；③减少浪费，主要是指减少机器、设备的闲置时间、等候时间及排队时间，杜绝或减少不必要的浪费等；④有效利用人、财、物各种资源，包括原材料的有效利用、减少排队及等候时间、生产优先等。

第二节 低碳生产模式的构建

一、低碳生产模式构建的意义

通过对发达国家经济发展的进程及我国 2004 年、2008 年两次经济普查结果分析，目前我国依然处于以重化工业为主的工业化中期阶段。分布于石油、电力、冶金、化工等行业的大中型工业企业以极少的数量贡献着较大的经济总量，同时也消耗着大量的能源。能源使用所带来的不只是烟雾和酸雨等危害，大气中二氧化碳浓度升高带来的全球气候变化也已被确认为不争的事实。气候变化已被确定为未来几十年内各个国家、政府、商业和居民所面临的最大挑战之一。全面推进大中型工业企业降耗、节能、增效、减排，促进其由传统模式向清洁-低碳生产模式转变，既是解决全球气候变暖问题的重要方案，也是践行科学发展观、构建我国资源节约型和环境友好型社会的迫切需要。

以可持续发展理念为指导，深入开展我国铝业低碳生产模式的构建问题研究的重要意义如下。

（1）低碳生产模式的构建有助于提升企业价值。通过降耗、节能、增效、减排以及建立完善的碳资产目录和低碳排放战略，使得企业成为低碳生产计划的试点企业。由于人们对知名品牌企业的碳排放会给予更多的关注，从而可以提高商标价值，进一步巩固与产业链中的上、下游企业之间的合作关系，获取更大的市场份额。在通过第三方的独立认证、获得低碳生产的标志后，企业就获得了更大的市场开发空间。

（2）低碳生产模式的构建有助于建立我国完备的低碳工业体系，并且进而促进低碳农业、低碳建筑、低碳交通体系的发展。基于“持续改进”及“动态平衡”的思想，运用全生命周期评价技术和原则，构建全生命周期能源与资源模型，从产品设计、生产和消费的全过程及产业链的各个环节探索有效利用资源、减少二氧化碳排放的实现途径，从而形成一系列的低碳生产方案和行业标准，促进我国低碳经济体系的形成。

（3）低碳生产模式的构建有着相当高的经济效益和环境效益。以电解铝生产为例，按2010年电解铝产量约1600万t计算，全年仅电解铝生产就需耗电约2400亿kW·h，相当于一台300MW发电机组90年的发电量。若通过优化管理和设计，引入先进技术节电1%，全年电解铝生产就将节电24亿kW·h，依火力发电1亿kW·h约需消耗3.39万t标准煤（供电煤耗率为每度电339g——2009年数据）计算，不仅可以节省约81.36万t标准煤，而且可以减少二氧化碳排放约220万t，减少二氧化硫排放6.5万t。

（4）低碳生产模式的构建有利于促进管理创新、制度创新及技术创新。与传统的线性生产模式、末端治理模式相比，大中型工业企业低碳生产模式具有明显的比较优势。这一结论可以通过包括环境成本、环境绩效在内的综合成本效益分析方法获得。然而，大中型工业企业低碳生产模式却不可能完全自愿、自发地实现，必须依赖于充足、完备的动力机制。综合考虑内、外两方面因素，从市场性、强制性、自愿性环境管制以及制度创新、先动优势、技术进步等多个视角，分析实现大中型工业企业低碳生产模式的驱动力、阻力以及综合驱动力机制，实现由传统的线性生产模式、末端治理模式向低碳生产模式转变的技术创新、制度创新以及管理创新。

（5）低碳生产体系的构建有助于形成完备的低碳生产理论体系。大中型工业企业低碳生产体系的构建不仅依赖于制度创新、技术创新、管理创新，同样离不开科学的低碳生产理论指导。通过对流程图绘制、系统边界核查及优先序确定、数据收集、碳足迹计算、不确定性检查直至方案的提出与实施等一系列问题的深入研究、概括和总结，形成科学、完备的低碳生产理论体系，进而指导企业的低碳生产实践。

二、低碳生产模式构建的目标与内容

本书的研究目标是明确论述低碳生产模式的意义、特征，结合我国铝业生产工艺流程及不同生产模式下对环境的影响，分析我国铝业低碳生产模式构建的必然性，并论述其动力机制、实施路径及评价体系，具体内容如下：

（1）我国铝业低碳生产模式的理论分析。结合我国铝业生产工艺流程、各个阶段的环境影响及所采取的污染防治对策，分析我国铝业生产模式的演进历程；通过对线性生产模式破坏环境的根源、末端治理模式的局限性、低碳生产模式的战略优势等的分析以及对不同生产模式下企业微观成本与社会总成本的比较，分别定性、定量地论述我国铝业低碳生产模式选择的必然性。

（2）我国铝业低碳生产模式的构建目标与方法。通过实施整体预防战略及源头控制措施，低碳生产模式实现了环境友好、资源节约、负外部性最小等目标。结合本书的研究特点与铝业生产实际，全面、系统地论述碳减排、资源节约以及综合成本效益最大化的目标与构建方法，为我国铝业低碳生产模式的构建提供依据。

（3）我国铝业低碳生产模式的实施路径。以调查研究为基础，对我国铝业生产模式的现实状况进行客观、准确、全面的评估，并且以低碳生产的实施原则、方法为基础，从产业链的各个环节及产品设计、生产、消费的全过程探索有效利用各种资源、降低能源消耗、减少各种污染物及温室气体排放的可行途径。

（4）我国铝业低碳生产模式的综合评价体系。结合我国铝业生产实际，从清洁的能源、清洁的生产过程、清洁的产品及全能耗、低排放、高产出等多个维度构建我国铝业低碳生产的评价指标体系，并且结合定性、定量指标论述综合评价方法，从而确定我国铝业低碳生产模式实现水平的综合评判依据。

（5）我国铝业实现低碳生产模式的动力机制。我国铝业实现低碳生产模式的动力机制包括推动我国铝业实现低碳生产的动力构成、相互关系及运行机理。良好的动力机制是我国铝业实现低碳生产模式的根本保障。

三、低碳生产模式的构建方法与技术路线

关于低碳生产模式的构建，应采取理论分析、案例分析、问卷调查、实地调研等相结合的方法。具体内容如下：

（1）关于工业生产的几种典型模式及不同工业生产模式下的成本效益分析采取理论分析方法，分别从定性、定量两个方面论述构建低碳生产模式的必然性。

（2）关于工业生产模式的演进及现状分析运用专家调查法，全面了解工业生产模式的演进历程，准确把握生产模式的现实状况。

（3）关于物质流、能量流、污染物流分析及碳排放状况的盘查、计算等采用案例分析与实验研究方法，从而明确物质流、能量流、污染物流及温室气体排放之间的相互影响和关系，为降低企业资源、能源消耗及环境负荷提供基本前提和基础。

（4）关于低碳生产的实施路径及方案选择等采用产业经济学、环境经济学、生产工艺学等综合分析方法。

（5）关于低碳生产的综合评价采用理论分析与客观赋权等相结合的方法。

（6）关于低碳生产的动力机制，采用实地调研、电话访谈、网络调查与博弈论、激励理论、数理统计理论等相结合的方法。

本书研究所遵循的研究路线可分为以下五个主要步骤，如图3-2所示。

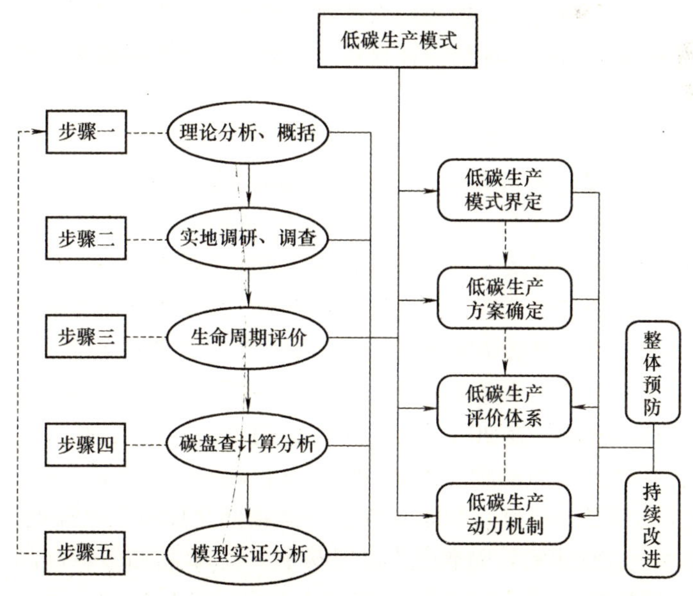

图3-2　低碳生产模式研究路线

第四章　低碳生产模式构建的生命周期评价

在铝产品的整个生命周期中，尤其是在铝土矿开采、氧化铝生产、铝用炭素材料生产、铝电解、铝及其合金加工等环节，都对生态环境产生一定程度的影响。本章采用生命周期评价方法，对铝产品整个生命周期中的污染物排放及环境影响进行研究，旨在为我国铝业清洁-低碳生产模式研究奠定基础。

第一节　生命周期评价的意义

生命周期评价（Life Circle Assessment，LCA），也称寿命周期分析（Life Circle Analysis），是一种评价产品、工艺或活动从原材料采集到产品生产、运输、销售、使用、回收再利用、维护和最终处置等整个生命周期有关的环境负荷的过程，其本质是检查、识别、评估一种材料、产品、过程或系统在其整个生命周期中的环境影响。

生命周期评价（LCA）最早出现于20世纪60年代末、70年代初，当时被称为资源与环境状况分析（Resource and Environment Position Assessment /Analysis，REPA）。1969年，美国中西部资源研究所（MRI）对可口可乐公司的饮料包装瓶进行的评价研究被认为是生命周期评价研究开始的标志。

随后，美国伊利诺伊大学、富兰克林研究会、斯坦福大学生态学研究所及欧洲各国、日本的一些研究机构相继开展了一系列针对其他包装物品的研究。这一时期的研究工作主要由工业企业发起，其成果主要作为企业内部产品开发与管理的决策支持工具。例如，在20世纪70年代早期美国开展的50多项REPA研究中，由工业企业自己组织的项目约占70%，由行业协会组织的项目约占20%，由联邦政府组织开展的项目只有约10%。在此期间全球范围内开展的共计90余项类似研究中，大约50%针对包装品，10%针对化学品和塑料制品，20%针对建筑材料和能源生产。

20世纪70年代中期，由于发生严重的能源危机，整个资源与环境状况分析工作备受关注。一方面，人们开始意识到化石燃料将会用尽，必须进行资源保护；另一方面，人们也认识到能源生产是污染物主要排放源。由于能源分析方法在当时已比较成熟，很多与产品有关的污染物排放又与能源利用有关，因此能源分析方法被广泛应用于资源与环境状况分析（REPA）中。

20 世纪 70 年代末至 80 年代中期，固体废弃物处理成为广泛关注的全球性问题。依据资源与环境状况分析（REPA）的思想，欧美国家的一些咨询机构又创造性地发展了一系列有关废弃物管理的方法，更深入地研究环境排放和资源消耗的潜在影响。例如，瑞士联邦材料测试与研究实验室于 1984 年首次采用健康标准评估系统（后来发展为临界体积方法）开展的一项有关包装材的研究引起了国际学术界的广泛关注，该研究实验室首先建立了详细的清单数据库（其中包括一些重要工业部门的生产工艺数据和能源利用数据），然后又开发出了商业化的计算机软件，为以后的生命周期评价研究奠定了重要基础。另外，苏黎世大学的冷冻工程研究所也从生态平衡和环境评价等角度出发，对生命周期评价（LCA）进行了较为系统的研究，对开拓生命周期评价领域起到了决定性的作用。

20 世纪 80 年代后，公众的环境意识进一步提高，产品的环境性能成为市场竞争的重要因素。生命周期评价作为扩展和强化环境管理、评价产品性能、开发绿色产品的有效工具，得到了学术界、企业界和政府的一致认同，其应用领域也从饮料容器、食品包装盒等包装材料和毛巾、洗涤剂等日用品扩展到电冰箱、洗衣机等家用电器以及建材、铝材、塑料等原材料，从而发展成为一种对产品从摇篮到坟墓的环境影响评价工具。

1990 年，国际环境毒理与化学学会（Society of Environmental Toxicology and Chemistry，SETAC）召开了有关生命周期评价的国际研讨会，首次提出了“生命周期评价（Life Cycle Assessment，LCA）”的概念，此后又主持召开了多次学术研讨会，对生命周期评价从理论与方法上进行了广泛的研究，对生命周期评价理论的发展做出了重要贡献。

1993 年，国际环境毒理与化学学会出版了其纲领性的研究报告《生命周期评价（LCA）纲要：实用指南》，制定了标准化和可协调的程序，并与国际标准化组织（ISO）合作开展生命周期评价的国际标准化研究。

目前，国际标准化组织（ISO）已将生命周期评价作为环境管理体系（ISO 14000）的一个重要步骤，并于 1993 年 6 月专门成立了环境管理标准技术委员会（TC 207）具体负责环境管理体系的国际标准化工作，在环境管理标准（ISO 14000）系列中为生命周期评价预留了 10 个标准号（ISO 14040 ~ ISO 14049），其中 ISO 14040：2006（《环境管理—生命周期评价—原则和框架》）已于 1997 年 6 月正式颁布，ISO 14041：1998（《环境管理 生命周期评价 目的与范围的确定和清单分析》）、ISO 14042：2000（《环境管理 生命周期评价 生命周期影响评价》）和 ISO 14043：2000（《环境管理 生命周期评价 生命周期解释》）

等将在今后几年颁布。生命周期评价将成为 ISO 14000 系列标准中产品评价标准的核心以及环境标志计划与清洁-低碳生产实施的重要基础。

第二节 生命周期评价的技术框架与实施步骤

传统的环境影响评价和治理方式仅局限于单一的生产过程及污染介质，不能满足环境保护的要求，甚至由于污染在不同生产过程或介质间的转嫁而得到适得其反的结果，但生命周期评价方法则是首先通过辨识、量化整个生命周期阶段中物质、能量的消耗及环境排放，然后评价这些消耗和排放对环境的影响，最后辨识和评价减少这些影响的机会，其基本思想框架如图 4-1 所示。

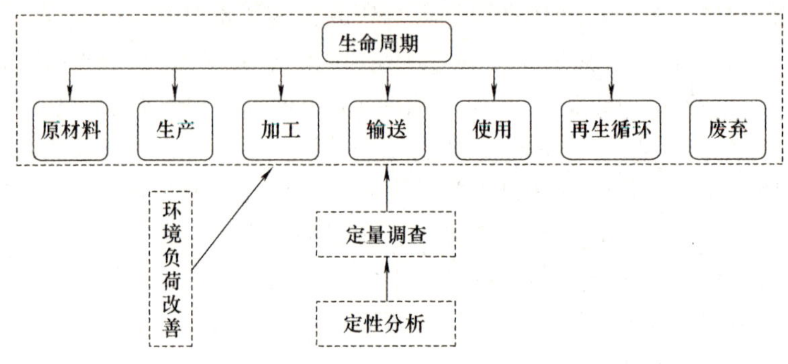

图 4-1 生命周期评价的基本思想

由图 4-1 可见，生命周期评价通过研究整体生产行为与环境的相互作用来解决日益严重的环境问题，这成为许多发达国家评价和解决环境问题、制定工业发展战略的首选指导工具。有关其应用的研究已覆盖整个工业社会，涉及工业产品及生产工艺的设计、评价、改善及环境政策制定等诸多方面。

按照国际环境毒理与化学学会（SETAC）1993 年发布的《生命周期评价纲要：实用指南》，生命周期评价的基本结构归纳为确定目标与范围（Goal Definition and Scoping）、清单分析（Inventory Analysis）、影响评价（Impact Assessment）和改善评价（Improvement Assessment）四个部分，并可描述成四个相互关联部分组成的三角形模型，如图 4-2 所示。

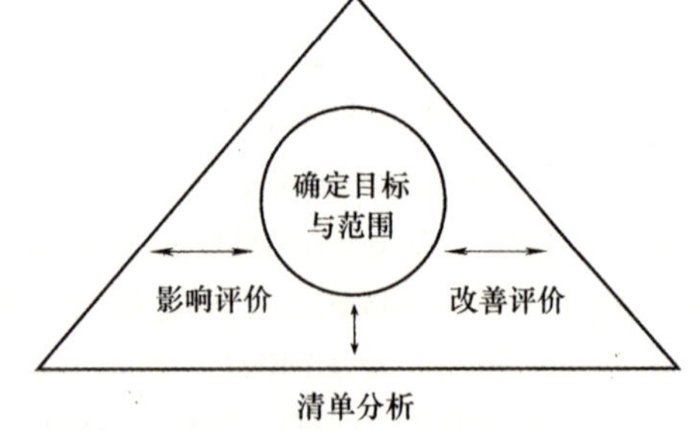

图 4-2 生命周期评价基本结构（SETAC 1993）

1997 年，国际标准化组织将生命周期评价的实施分为目标与范围的确定、清单分析、影响评价和结果解析四个步骤，如图 4-3 所示。

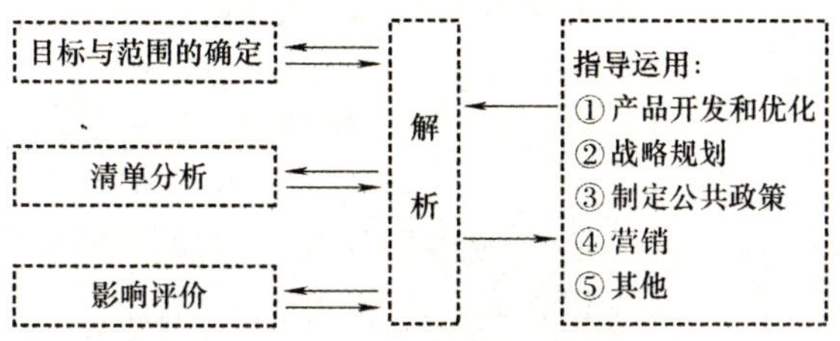

图 4-3　生命周期评价实施步骤（ISO14040：1997）

其中，目标与范围的确定是生命周期评价的第一步，也是最关键的部分，包括确定研究目标与范围、功能单位及保证研究质量的程序等，其具体内容如图 4-4、图 4-5 所示。

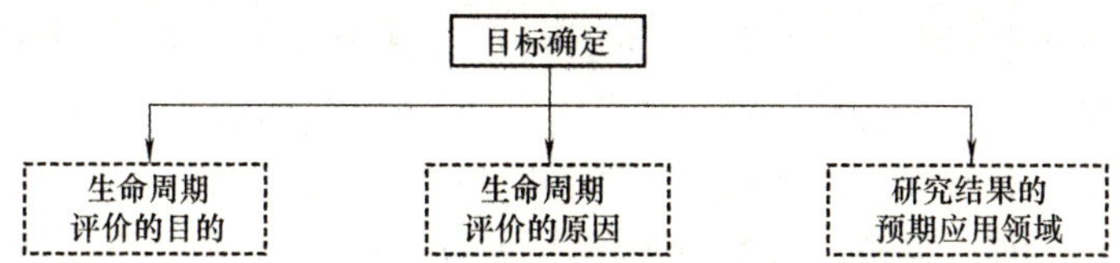

图 4-4　生命周期评价目标确定示意图

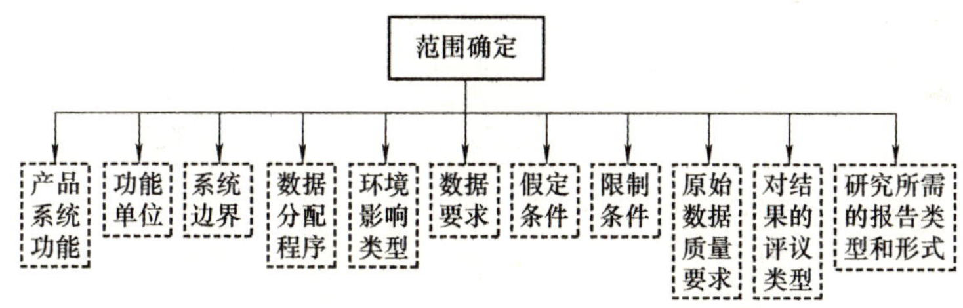

图 4-5　生命周期评价范围确定示意图

由于生命周期评价是一个不断反复的过程，在数据和信息的收集过程中，可能修正预先界定的范围来满足研究的目标。在某些情况下，也可能修正研究目标本身。

生命周期评价的第二步是清单分析，旨在对一种产品、工艺过程或活动在其整个生命周期内的能量、原材料耗用量以及污染物排放量的客观量化。目前，清单分析的理论和方法相对比较成熟，其中最权威的是美国国家环保局于 1993 年发表的研究报告《生命周期评价：清单分析的纲要与原则》。清单分析的简化程序如图 4-6 所示。

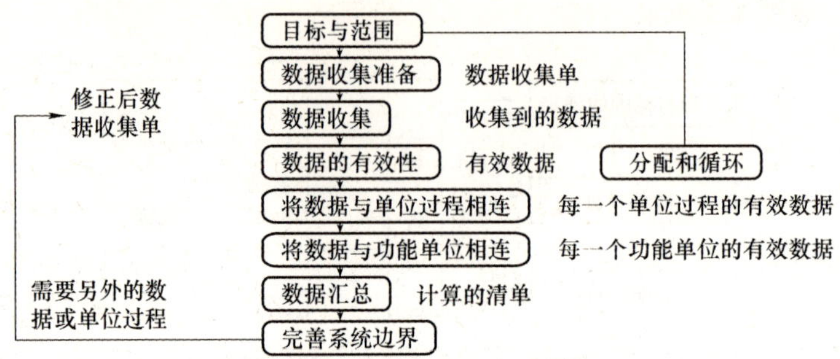

图 4-6 简化的清单分析示意图

进行清单分析是一个反复的过程，当取得了一批数据，并对系统有进一步的认识后，可能会出现新的数据要求，或者发现原有的局限性，因而要求对数据收集程序做出修改，以适应研究目的。

生命周期评价的第三步是环境影响评价，它是生命周期评价的核心内容，也是难度最大的部分，旨在对清单阶段所辨识出来的环境负荷影响进行定量、定性的描述与评价，包括对生态系统、人体健康及其他方面的影响。

目前，尽管如何开展环境影响评价仍处于探讨阶段，尚未达成各方都认可的共识，但国际环境毒理与化学学会（SETAC）和国际标准化组织（ISO）已经确定了“三步走”模型，即影响分类（Classification）、特征化（Characterization）和量化（Valuation），如图 4-7 所示。

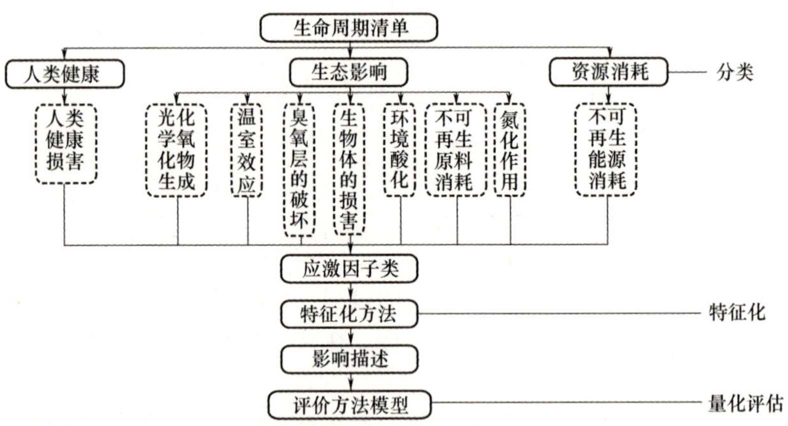

图 4-7 生命周期影响评价框架

影响分类是将从清单分析中得来的数据归到不同的环境影响类型。影响类型通常包括资源消耗、生态影响和人类健康三个大类。环境污染物评价指标可划分为以下九类：不可再生的原料消耗（ADP）、不可再生的能源消耗（EDP）、温室效应（全球变暖潜势，GWP）、臭氧层的破坏（臭氧消耗潜值，ODP）、生物体的损害（ECA）、环境酸化（AP）、人类健康损害（CHT）、光化学氧化物生成（POOP）、氮化作用（NP）。

在每个大类下又包含有许多亚类，如在生态影响这一大类下包括全球变暖、臭氧层破坏、酸雨、光化学烟雾、水体富营养化、淤泥、水中废物、栖息地改变、土壤致密性、离子辐射和噪声等亚类。另外，一种具体类型可能会同时具有直接和间接两种影响效应。生命周期各阶段所使用的物质和能量以及排放的污染物经分类整理后，可作为胁迫因子。在定义具体影响类型时，应该关注相关的环境过程，这样有利于尽可能地根据这些过程的科学知识来进行影响评价。

特征化，即按照影响类型建立清单数据模型。特征化是分析与定量中的一步，这里可能将每一种影响大类中不同影响类型汇总，但必须以环境过程的有关科学知识为基础。它所开发的模型将生命周期评价提供的数据和其他辅助数据，转译成描述影响的叙词（Descriptor）。例如，影响全球变暖潜力的因子有 CO_2、CO、CH_4 等温室气体，通常采用 CO_2 作为标准对其他因子进行归并，最终用 CO_2 表示全球变暖影响的大小。即对清单分析中所获得的数据进行文字表述，以便于对分类中选定的应激因子进行评价。目前，国际上使用的特征化模型主要有负荷模型、当量模型、固有的化学特征模型、总体暴露（Exposure）-效应模型、点源（Site-Specific）暴露-效应模型。特征化阶段的更进一步发展是对其一给定区域的实际影响量进行归一化，这样做是为了增加不同影响类型数据的可比性，然后为下一步的量化评价提供依据。

量化即加权，在特定情况下且仅当有意义时，将结果进行合并。量化是确定不同环境影响类型的相对贡献大小或权重，以便能够得到一个数字化的可供比较的单一指标。对在不同领域内（如气候变化、臭氧层空洞）的影响进行横向比较，其目的都是为了获得一套加权因子，使评价过程更具客观性。数据标准化反映了各种环境影响类型的相对大小。然而，不同的影响类型经标准化后可能得出相同的数值，但这并不意味着它们的潜在环境影响一样，因此需要对不同影响类型的重要性进行排序，即赋予权重。将各种不同的影响类型综合为单一指标，从而对不同产品、产品系统或处理方案的环境影响进行比较。对于具体赋值方法，国际上尚无统一标准。

改善评价是指系统地评估在产品、工艺、活动的整个生命周期内削减能源、原材料使用量及环境释放的需求与机会。这种分析包括定量和定性的改进措施，如改变产品结构、重新选择原材料、改变制造工艺和消费方式及废弃物管理等。为了使每个功能单位的环境性能都得到改善，产品和过程的投入、产出及对环境的产出都要评价。环境性能能否得到改善，要依赖于清单分析、影响评价或两者的结合。改善的机会也应该被评价以确保它们不产生额外的影响而削弱了提高改善的机会。

第三节　我国铝产品的生命周期评价

本节旨在构建我国铝产品生命周期评价的总体框架，其基本依据是《中国有色金属工业年鉴》《中国铝业年鉴》《中国统计年鉴》中我国铝业2010年及2005年的统计资料，并参考美国铝业协会（Aluminum Association，AA）于1998年发布的《北美铝工业的生命周期清单报告》、国际原铝工业协会（IAI）于2003年发布的《铝的LCA：国际原生铝工业的清单数据》、国际原铝工业协会（IAI）于2007年发布的2003年报告的升级版、欧洲铝业协会（EAA）于2008年发布的《欧洲铝工业的环境绩效报告：铝生产和转化过程的生命周期清单数据》。此外，我国学者王小伍、华贲（2005）就中国电解铝工业的生命周期评价进行了多因素综合分析也是应予参考的重要内容。

一、我国铝产品的生命周期评价的目标与范围

我国铝产品生命周期评价的目标在于确定铝土矿开采、氧化铝生产、炭素阳极、电解铝，以及铝及其合金制品的生产、使用、报废、回收等各个阶段的环境影响、形成原因，为制定我国铝业清洁-低碳生产方案，构建我国铝业清洁-低碳生产模式奠定基础。

从理论上讲，我国铝产品生命周期评价的范围包括铝产品整个生命周期的各个阶段，一般划分为：①生产阶段，包括铝土矿开采、氧化铝生产、炭素阳极、电解铝生产；②加工与制造阶段，包括铝加工材、铝铸件等半成品生产及铝合金产品制造；③使用阶段，包括铝及其合金制品的使用、铝的社会累积；④报废、回收与再利用阶段，包括铝及其合金制品的报废、回收及铝废料预处理、再生铝熔铸等。

但是，由于铝及其合金制品加工制造的情况变化多样、使用过程漫长、报废与循环的不确定性，铝产品加工、制造、使用阶段的环境影响较小以及数据难以取得等因素，本章主要针对铝土矿开采、氧化铝、炭素阳极、电解铝等生产阶段，铝半成品（如铝板带、铝箔、铝挤压材等）生产阶段和再生铝循环生产系统（阶段）进行清单分析和影响评价，对难以获取数据的铝最终产品制造阶段和使用阶段则不予考虑。简化后的铝产品生命周期评价范围如图4-8所示。

在图4-8中，再生铝循环生产系统主要包括以下两种途径：

（1）新铝废料循环生产系统。新铝废料，也称作生产性废料，是指从铝的生产、加工，直至最终产品销售之前的任何环节中产生的铝废料，包括铝渣、挤压废品废料、轧制边角料、切屑及铣屑等。

（2）旧铝废料循环生产系统。旧铝废料是指铝及其合金制品或构件达到使

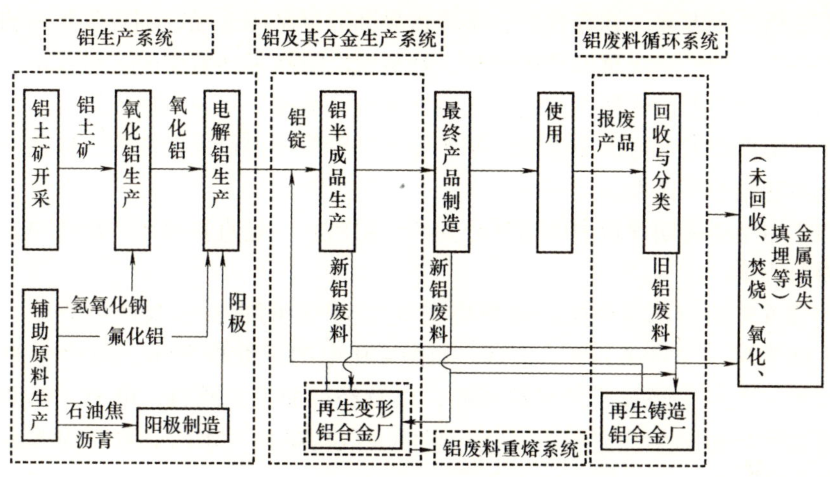

图 4-8　铝产品生命周期评价范围界定简图

用年限报废并被回收后得到的铝废料，可以是使用过的铝制饮料罐、汽车气缸盖、铝合金门窗、电线、电缆等。

对于通过上述两种途径产生的废料应分别利用新铝废料模型和旧铝废料再生重熔模型进行分析。

在功能单位的界定方面，本章针对各个生产系统和生产环节采用 1 t 相应的主产品，如 1 t 铝土矿、1 t 电解铝锭、1 t 铝箔等。本章中的数据主要来自《中国有色金属工业年鉴》《中国铝业年鉴》《中国统计年鉴》，以及上述报告对欧盟 27 国和挪威、瑞士、冰岛 2005 年数据的问卷调查汇总结果。在研究的过程中，假设所有的合金元素被以等质量的铝替代。

范围界定需要考虑产品系统的功能、功能单位、系统边界、数据分配程序、环境影响类型、数据要求、假定的条件、限制条件、原始数据质量要求、对结果的评议类型、研究所需的报告类型和形式等项目。

二、我国铝产品的生命周期评价的清单分析

铝产品生命周期评价中的清单分析旨在对铝产品整个生命周期内的物质流、能量流及污染物流进行客观量化。清单就成为一个有用的工具。它提供了详细的分析资料，包括清单分析地域、数据的类型、数据收集和使用方法、数据模型化方法和结果的表述方法。

生命周期评价重在数据，要求根据清单资料对所需结果进行详细的说明，而这些说明的建立取决于生命周期清单的既定目的，因此在使用之前必须对其来源及内容进行仔细的调查。调查在清单分析中很重要，它涉及四个领域：区域界定和体系范围设置；数据的一致性；分析结论的有效性；分析结论的相互沟通。调

查内容包括三个方面：调查目的、系统边界和数据来源途径；调查收集到的数据和相关性能度量；调查草拟清单报告。其数据质量指标是数据的定量或定性的指标，包括数据的可接受性、偏差、代表性和检测数据好坏及实用性等。此外，调查过程可塑性很大，可以在生命周期各个不同阶段中得以灵活应用，以适应生命周期范围变化的多样性。

铝产品生命周期评价中的清单分为两个层次：一是直接投入产出清单，二是生命周期清单。

本节首先给出了每个生产环节生产 1 t 主产品的直接投入产出清单。以原生铝电解为例，参见表 4-1。其中，如图 4-9 中的虚线框所示，每个生产环节的直接投入包括未经加工的自然资源，以及经过加工的燃料、电力、辅助原材料；直接产出包括生产过程中直接产生的大气污染物、水污染物、固体废弃物和副产品。

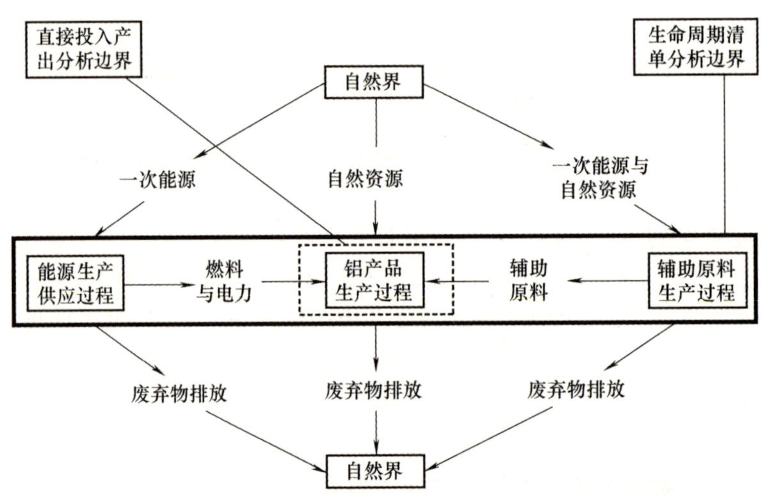

图 4-9 EAA 2008 报告中的直接投入产出与生命周期清单的系统边界

由于燃料、电力、辅助原材料的生产和准备过程及铝产品的运输过程也都需要消耗自然资源、一次能源且排放废弃物，因此利用生命周期领域著名的 Ga 生产环节、沥青生产环节、电力生产与供应环节、燃料供应及燃烧环节及铝土矿和氧化铝的海陆运输环节的生命周期清单，本节进一步给出了 1 t 原生铝锭、1 t 铝板带、1 t 铝箔、1 t 铝挤压材和 1 t 再生铝锭（分重熔和循环模型）的生命周期清单。如图 4-9 中的实线框所示，与表 4-1 不同的是，铝产品的生命周期清单中的投入均为直接取自自然界的未经加工的自然资源和一次能源，产出除了主产品、副产品和固体废弃物外，均为直接排放到自然界的污染物。以原生铝锭为例，主要生命周期清单参见表 4-2。

表 4-1　我国、欧洲和世界铝工业电解生产 1 t 铝液的直接投入产出表

直接投入	我国		欧洲	世界	直接投入	我国		欧洲	世界
	2010 年	2005 年	2005 年	2005 年		2010 年	2005 年	2005 年	2005 年
原材料					苯并芘/g	1.70	2.60	1.30	2.60
氧化铝/kg	1919	1927	1925	1923	CF_4/kg	0.065	0.345	0.087	0.130
预焙阳极/阳极糊(毛耗)/kg	508	576	536	暂缺	C_2F_6/kg	0.010	0.0345	0.010	0.013
预焙阳极/阳极糊(净耗)/kg	417	438	428	435	水污染物排放				
氟化铝/kg	16.8	17.9	18.9	16.4	新鲜水/m^3	7.4	9.6	9.1	4.9
炭素阴极/kg	6.2	8.2	6.3	8.06	海水/kg	24.5	57.2	57.0	17.6
其他原材料					氟化物（以氟的量计）/kg	0.35	0.64	0.62	0.32
新鲜水/m^3	5.5	7.7	9.6	5.3	石油类、油脂/kg	0.003	0.009	0.001	0.008
海水/kg	15.6	59.0	58.0	17.6	多环芳烃/kg	2.1	3.31	3.32	1.64
耐火材料/kg	5.3	9.2	8.60	5.40	悬浮物/kg	0.54	0.82	0.81	0.20
钢（用于阴极生产）/kg	6.5	6.7	5.4	6.6	外部循环的副产品				
燃料和电力	14512	暂缺	暂缺	暂缺	残阳极/kg	109	106	107	暂缺
柴油/kg	612.1	暂缺	暂缺	暂缺	耐火材料/kg	2.1	1.7	0.9	2.3
重油/kg	752.4	暂缺	暂缺	暂缺	废槽衬——碳/kg	4.8	4.7	4.7	4.8
天然气/kg	647.6	暂缺	暂缺	暂缺	废槽衬——耐火砖/kg	4.2	4.1	4.8	4.0
电/kW·h	14750	15354	14914	15289	钢/kg	6.7	5.7	5.8	8.9
产出					其他副产品/kg	5.00	5.00	5.00	暂缺
大气污染物排放					填埋的固体废弃物				
气态氟化物(以氟的量计)/kg	0.54	0.58	0.56	0.55	含碳废弃物/kg	6.7	7.1	6.8	6.9
颗粒态氟化物(以氟的量计)/kg	0.43	0.51	0.44	0.49	耐火材料/kg	0.3	0.51	0.30	0.50
颗粒物/kg	3.4	3.9	2.30	3.70	除尘器废渣/kg	2.1	4.2	1.3	4.7
NO_x（以 NO_2 的量计）/kg	0.41	0.58	0.65	0.32	废槽衬/kg	13.3	13.7	13.4	13.2
SO_2/kg	13.9	15.7	8.20	14.90	废氧化铝/kg	2.1	3.5	1.4	2.6
多环芳烃/kg	0.197	0.315	0.041	0.290	其他废弃物/kg	4.7	暂缺	5.3	暂缺

由表4-1可得如下结论：

（1）我国2005年铝工业的发展远不及同期的欧洲、世界水平。具体如下：①在原材料投入方面，我国生产吨铝用氧化铝、预焙阳极/阳极糊（毛耗）、预焙阳极/阳极糊（净耗）、氟化铝、炭素阴极的投入量分别为1927 kg、576 kg、438 kg、17.9 kg、8.2 kg，同期欧洲上述原材料投入分别为1925 kg、536 kg、428 kg、18.9 kg、6.3 kg，而世界为1923 kg、暂缺、435 kg、16.4 kg、8.06 kg，其他吨铝原材料投入也超过欧洲、世界同期水平，这说明我国在资源利用效率方面较欧洲仍有差距。②在大气污染物产出方面，我国生产吨铝产出的气态氟化物、颗粒态氟化物、颗粒物、NO_x、SO_2分别为欧洲同期的1.04倍、1.16倍、1.7倍、0.89倍、1.91倍，为世界同期的1.05倍、1.04倍、1.05倍、1.81倍、1.05倍，其他大气污染物的产出也均高于欧洲及世界平均水平，在水污染物方面也有同样结论，而在吨铝产出的填埋的固体废弃物方面，含碳废弃物、耐火材料、除尘器废渣、废槽衬、废氧化铝、其他废弃物也比欧洲及世界同期产出要多，这说明我国在铝业环境负荷较大，政府在环境管制方面有待加强。③在吨铝外部循环的副产品产出方面，我国电解生产1 t铝液产生的残阳极、耐火材料、废槽衬——碳、废槽衬——耐火砖、钢分别为欧洲同期水平的0.99倍、1.89倍、1倍、0.85倍、0.98倍，为世界同期水平的暂缺、0.74倍、1倍、1倍、0.64倍，在其他副产品方面也均低于欧洲和世界同期水平，这说明我国在铝业循环利用及再生方面仍有加强的空间。

（2）2010年，我国铝工业的发展已超越2005年欧洲及世界的平均水平。具体如下：①在原材料投入方面，我国生产吨铝氧化铝、预焙阳极/阳极糊（毛耗）、预焙阳极/阳极糊（净耗）、氟化铝、炭素阴极的投入量分别为1919 kg、508 kg、417 kg、16.8 kg、6.2 kg，2005年欧洲上述原材料投入分别为1925 kg、536 kg、428 kg、18.9 kg、6.3 kg，而世界为1923 kg、暂缺、435 kg、16.4 kg、8.06 kg，其他吨铝原材料投入也低于欧洲和世界水平，这说明我国2010年在资源利用效率方面已超过欧洲及世界2005年的水平。②在大气污染物产出方面，2010年我国生产吨铝产出的气态氟化物、颗粒态氟化物、颗粒物、氮化物分别为欧洲2005年的0.96倍、0.98倍、1.47倍、0.63倍、1.7倍，为世界2005年的0.98倍、0.88倍、0.92倍、1.28倍、0.93倍，其他大气污染物的产出也均低于欧洲及世界平均水平，在水污染物方面也有同样结论，而在吨铝产出的填埋的固体废弃物方面，含碳废弃物、耐火材料、除尘器废渣、废槽衬、废氧化铝、其他废弃物也比欧洲及世界同期要少，这说明我国在铝业环境负荷已经大幅降低，政府在环境管制方面取得了一定成效。③在吨铝外部循环的副产品产出方面，我国电解生产1 t铝液产生的残阳极、耐火材料、废槽衬——碳、废槽衬——耐火砖、钢分别为欧洲的1.02倍、2.33倍、1.02倍、0.72倍、1.34倍，为世界同期水平的暂缺、0.91 倍、1 倍、1.05 倍、0.75 倍。但由于数据所限，2010 年我国、欧洲、世界的横向比较本文还无法完成。

(3) 2005—2010 年，我国铝业朝着低投入、高产出的方向大幅度发展。2010 年，我国生产 1 t 铝液所需的氧化铝、氟化铝、炭素阴极较 2005 年分别减少了 0.4%、11%、1.6%，其他原材料投入量也相应减少。同理，2010 年吨铝大气污染物产出、水污染物产出、固体废弃物产出方面也均低于 2005 年水平。

表 4-2　我国和欧洲生产 1 t 原生铝锭的主要生命周期清单

清单名称	我国(2010 年)						我国(2005 年)	欧洲(2005 年)
	总　量	直接过程	辅助原材料	电力	燃料	运输	总　量	总　量
主要投入/kg								
铝土矿	3903	3892.81	10.1	0	0	0	4391	4272
能源								
原油	752.4	283.2	11.9	97.6	341	18.7	772.1	762.0
无烟煤	888.4	110.0	34.9	735.1	8.0	0.4	913.2	892.0
褐煤	753	6.62	68.3	674.1	3.73	0.28	791.3	756.0
天然气	647.6	28.0	24.1	404	190	1.49	670.0	650.0
主要产出/kg								
大气污染物排放								
二氧化碳	8553	1800	350	4581	1755	67.2	8612	8566
一氧化碳	2.88	0.49	0.21	1.47	0.54	0.17	4.17	3.08
颗粒态氟化物（不包括氟化氢）	0.54	0.54	0.00	0.00	0.00	0.00	0.62	0.55
氯化氢	0.2	0.03	0.00	0.16	0.01	0.00	0.31	0.24
氟化氢	0.56	0.55	0.00	0.01	0.00	0.00	0.7	0.60
氮氧化物	13.18	1.21	0.37	8.1	2.2	1.3	14.1	14.0
二氧化硫	34.01	11.51	0.58	15.0	6.21	0.71	35.2	34.2
甲烷	14.07	2.0	0.51	9.1	2.41	0.05	14.41	14.32
挥发性有机污染物排放								
多环芳烃	0.13	0.13	0.00	0.00	0.00	0.00	0.162	0.151
苯并芘	0.0021	0.0021	0.00	0.00	0.00	0.00	0.0031	0.0024
C_2F_6	0.01	0.01	0.00	0.00	0.00	0.00	0.014	0.01

（续）

清单名称	我国（2010年）						我国（2005年）	欧洲（2005年）
	总　量	直接过程	辅助原材料	电力	燃料	运输	总　量	总　量
CF_4	0.106	0.106	0.00	0.00	0.00	0.00	0.113	0.109
乙烷	0.3	0.047	0.009	0.131	0.11	0.003	0.321	0.314
丙烷	0.378	0.073	0.009	0.142	0.15	0.004	0.415	0.406
挥发性有机污染物总量	1.978	0.645	0.052	0.7	0.52	0.061	2.017	2.008
排放到大气的颗粒物								
颗粒状氧化铝	1.3	1.3	0.00	0.00	0.00	0.00	1.41	1.34
颗粒物（PM10）	0.1	0.01	0.00	0.05	0.04	0.00	0.17	0.15
颗粒物（PM2.5）	0.7	0.00	0.01	0.57	0.12	0.00	0.82	0.73
其他颗粒物	7.09	6.42	0.3	0.31	0.02	0.04	7.29	7.27
排放到大气的颗粒物总量	9.432	7.81	0.382	1.00	0.2	0.04	9.69	9.49
堆存的固体废弃物								
干赤泥	1370	1370	0	0	0	0	1381	1375
填埋的固体废弃物								
耐火材料（包括填埋的废槽衬）	14.7	14.7	0.00	0.00	0.00	0.00	16.1	15.1
污泥	3.9	2.2	1.7	0.00	0.00	0.00	5.1	4.0
铝灰渣	5.6	5.6	0.00	0.00	0.00	0.00	5.6	5.8
焚烧的固体废弃物								
含碳废物（含废槽衬的碳组分）	1.21	1.21	0.00	0.00	0.00	0.00	0.0	0.0
循环利用的固体废弃物								
铝灰渣	15.9	15.9	0.00	0.00	0.00	0.00	15.6	15.7
氧化铝	1.41	1.41	0.00	0.00	0.00	0.00	1.34	1.4
铝土矿渣	25.3	25.3	0.00	0.00	0.00	0.00	24.1	25.2
耐火材料（包括废槽衬）	7.82	7.82	0.00	0.00	0.00	0.00	7.75	7.8
电解槽副产品	4.6	4.6	0.00	0.00	0.00	0.00	4.1	4.5
废钢	7.3	7.3	0.00	0.00	0.00	0.00	7.2	7.3

由表4-2可得如下结论：

（1）2005年，我国铝工业的发展远不及同期的欧洲水平。具体如下：①在原材料投入方面，我国生产 1 t 原生铝锭投入的铝土矿、原油、无烟煤、褐煤、天然气分别为欧洲的 1.03 倍、1.01 倍、1.02 倍、1.05 倍、1.03 倍，这说明我国在资源利用效率方面较欧洲仍有差距。②在大气污染物产出方面，我国生产 1 t 原生铝锭产出的二氧化碳、一氧化碳、颗粒态氟化物、氯化氢、氟化氢分别为欧洲同期的 1 倍、1.35 倍、1.13 倍、1.3 倍、1.17 倍，其他大气污染物产出也均高于欧洲同期产量，在挥发性有机污染物排放量、大气的颗粒物排放量、填埋的固体废弃物量、堆存的固体废弃物量、焚烧的固体废弃物量也有同样结论，这说明我国铝业的环境负荷较大，政府在环境管制方面有待加强。③在循环利用的固体废弃物方面，铝灰渣、氧化铝、铝土矿渣、耐火材料、电解槽副产品、废钢分别为欧洲同期的 0.99 倍、0.96 倍、0.96 倍、0.99 倍、0.91 倍、0.98 倍，这说明我国在铝业循环利用及再生方面仍有加强的空间。

（2）2010 年，我国铝工业的发展已超越 2005 年的欧洲水平。具体如下：①在原材料投入方面，生产 1 t 原生铝锭投入的铝土矿、原油、无烟煤、褐煤、天然气分别为欧洲的 0.91 倍、0.99 倍、0.99 倍、0.99 倍、0.99 倍，这说明我国 2010 年在资源利用效率方面已超过欧洲及世界 2005 年的水平。②在大气污染物产出方面，我国生产 1 t 原生铝锭产出的二氧化碳、一氧化碳、颗粒态氟化物、氯化氢、氟化氢分别为欧洲 2005 年的 0.99 倍、0.94 倍、0.98 倍、0.83 倍、0.93 倍，其他大气污染物产出也均低于欧洲产量，而在挥发性有机污染物排放量、大气的颗粒物排放量、填埋的固体废弃物量、堆存的固体废弃物量、焚烧的固体废弃物量也有同样结论，这说明我国铝业环境负荷已经大幅降低，政府在环境管制方面取得了一定成效。③对于循环利用的固体废弃物方面，铝灰渣、氧化铝、铝土矿渣、耐火材料、电解槽副产品、废钢分别为欧洲 2005 年的 1.01 倍、1 倍、1 倍、1 倍、1.02 倍、1 倍，这说明我国在铝业循环利用及再生方面卓有成效。但由于数据所限，2010 年我国、欧洲、世界的横向比较本文还无法完成。

（3）2005—2010 年，我国铝业朝着低投入、高产出的方向大力发展。2010 年我国生产 1 t 原生铝锭所需的铝土矿、原油、无烟煤、褐煤、天然气较 2005 年分别减少了 11%、2.56%、2.72%、4.84%、3.46%。同理，大气污染物排放量、挥发性有机污染物排放量、排放到大气的颗粒物量、堆存的固体废弃物量、填埋的固体废弃物量、焚烧的固体废弃物量也均低于 2005 年水平。

三、我国铝产品的生命周期环境影响评价

根据生命周期清单并利用 Gabi4 软件，本书还选定了表 4-3 中的八种环境影响指标，定量地评估了生产 1 t 原生铝锭的环境影响。

表 4-3 我国 2010 年、2005 年和欧洲 2005 年生产 1 t 原生铝锭的环境影响

环境影响类型	我国(2010 年)						我国(2005 年)	欧洲(2005 年)
	总 量	直接过程	辅助原材料	电 力	燃 料	运 输	总 量	总 量
非生物质资源消耗/kg(Sb 当量)	45.29	8	1.6	23.62	11.64	0.43	47.28	45.36
酸化潜力/kg(SO_2 当量)	45.31	13.50	0.85	20.95	8.2	1.81	47.51	45.41
富营养化潜力/kg(Phosphate 当量)	1.85	0.21	0.02	1.1	0.35	0.17	2.01	1.94
温室气体排放/kg(CO_2 当量)	9664.5	2590	365	4824	1818	67.5	9682	9677
臭氧层消耗潜力/kg(R11 当量)	9.74 E -04	3.11 E-06	2.72 E-05	9.44 E-04	4.37 E-06	8.43 E-08	9.81 E-04	9.79 E-04
光化学氧化剂的合成潜力/kg(Ethene 当量)	2.71	0.71	0.06	1.29	0.54	0.11	2.81	2.730
可再生能源消耗/MJ	42375.5	27.5	137	42156	54	1	42396	42386
不可再生能源消耗/MJ	130673	16870	4354	84158	24386	905	130706	130699
能源消耗总量/MJ	173048.5	16897.5	4491	126314	24440	906	173102	173085

由表 4-3 可得如下结论：

(1) 2005 年，我国生产 1 t 原生铝锭的环境负荷大于同期欧洲水平。我国生产 1 t 原生铝锭的非生物质资源消耗、酸化潜力、富营养化潜力、温室气体排放、光化学氧化剂的合成潜力为欧洲 2005 年的 1.04 倍、1.04 倍、1.04 倍、1 倍、1.03 倍，能源消耗总量方面，我国较欧洲同期水平也有很大差距。

(2) 2010 年我国铝工业的发展已超越 2005 年欧洲水平。我国生产 1 t 原生铝锭的能源消耗总量、光化学氧化剂的合成潜力、酸化潜力较欧洲同期水平相比分别下降了 0.2%、0.73%、0.22%，其他环境影响指标也相应减少。

(3) 2005—2010 年，我国铝工业的环境负荷有很大改善。2010 年我国生产 1 t 原生铝锭的酸化潜力、富营养化潜力、温室气体排放量比 2005 年分别下降了 4.6%、8%、0.2%，非生物质资源消耗、臭氧层消耗潜力、光化学氧化剂的合成潜力等指标也大幅降低。

在 EAA 于 2008 年发布的报告中，给出了各个生产环节生产 1 t 主产品的直接投入产出清单，并利用 Gabi4 软件计算了生产 1 t 原生铝锭、1 t 铝板带、1 t 铝箔，1 t 铝挤压材和 1 t 再生铝锭（分重熔和循环模型）的生命周期清单与环境影响，以下模拟 EAA 的分析方法，对我国 2010 年铝工业生产 1 t 铝产品的环境影响进行分析。

表4-4给出了环境影响的数值，也可以看做我国原生铝工业、再生铝工业和铝加工工业的环境影响。另外，由于篇幅所限，本书无法给出详细和全面的直接投入产出清单和生命周期清单。

表4-4　我国2010年铝工业生产1 t铝产品的环境影响

环境影响类型	原生铝锭	再生铝锭（重熔）	再生铝锭（循环）	铝板带	铝　箔	铝挤压材
非生物质资源消耗/kg(Sb当量)	45.1	2.1	2.93	3.96	8.51	4.62
酸化潜力/kg(SO_2当量)	45.22	0.73	1.09	2.94	6.71	3.52
富营养化潜力/kg(Phosphate当量)	1.82	0.049	0.075	0.153	0.37	0.208
温室气体排放/kg(CO_2当量)	9656	310	501	637	1342	709
臭氧层消耗潜力/kg(R11当量)	9.75E-04	1.86E-05	2.21E-05	9.6E-05	2.04E-04	1.17E-04
光化学氧化剂的合成潜力/kg(Ethene当量)	2.722	0.058	0.073	0.264	0.707	0.226
可再生能源消耗/MJ	42369	121	276	722	1709	1125
不可再生能源消耗/MJ	130688	5460	7376	12009	25889	14310
能源消耗总量/MJ	173057	5581	7652	12731	27598	15435

对表4-4的数据进行分析。通过分析可以发现：

（1）原生铝工业的环境影响大大超过了再生铝工业和铝加工工业的环境影响，生产1 t原生铝锭的非生物质资源消耗量、酸化潜力、富营养化潜力、温室气体排放量、臭氧层消耗潜力、光化学氧化剂合成潜力及能源消耗总量分别是生产1 t再生铝锭（按循环模型计算）的22倍、43倍、37倍、31倍、19倍、47倍和31倍，是生产1 t铝挤压材的10倍、13倍、9倍、14倍、51倍、12倍和11倍。

（2）在再生铝工业中，重熔新铝废料生产1 t再生铝的环境影响小于回收循环旧铝废料生产1 t再生铝的环境影响，在非生物质资源消耗量、酸化潜力、富营养化潜力、温室气体排放量、臭氧层消耗潜力、光化学氧化剂合成潜力及能源消耗总量指标中，前者的数值分别是后者的68%、96%、65%、62%、96%、79%和73%。

（3）在铝加工工业中，生产铝箔的环境影响最大，生产铝板带的环境影响最小，而铝挤压材的环境影响居中，在各项环境影响指标中，生产1 t铝箔的环境影响大致是生产 1 t 铝板带的 2 倍。

(4) 铝加工工业的环境影响大于再生铝工业的环境影响，但各项环境影响指标比值的波动性较大。

表 4-3 还给出了生产 1 t 原生铝锭的环境影响的来源构成。以温室气体排放量为例，直接过程部分是指主产品生产过程中直接排放的温室气体，如原生铝电解过程中炭阳极分解产生的一氧化碳、二氧化碳及阳极效应导致的过氟化碳；辅助原材料部分是指来自辅助原材料如氧化铝冶炼中需要的石灰、铝电解中需要的氟化铝的生产和准备过程产生的温室气体；电力部分是指主产品生产过程中需要的电力所排放的温室气体，这部分的量与发电结构紧密相关；燃料部分是指主产品生产过程中需要的燃料及其燃烧时产生的温室气体的量，如氧化铝生产中需要的煤、油和燃气；运输部分考虑的是将铝土矿和氧化铝通过铁路、公路在国内运输时，在假设的一定路程内排放的温室气体的量。

本章介绍了生命周期评价的研究方法和步骤及其在铝的生命周期评价研究中的应用，利用 2010 年与 2005 年国内统计数据进行对比分析，进而利用国外铝工业协会发布的研究成果与同年国内铝业信息对比分析了原生铝工业、再生铝工业和铝加工工业的环境影响。需要特别指出的是，本文所使用的数据仅仅来自国内一些统计年鉴的数据及 EAA 针对 2005 年欧洲部分工厂调查所获得的数据，其中可能存在的许多不确定性。在我国，由于企业数量多、企业规模差异较大、生产工艺多样化、技术水平参差不齐，并且我国的电力供应以煤电为主，这些都可能造成我国铝工业环境影响的水平与欧洲有较大的差异。目前，在我国无论是原生铝工业、再生铝工业还是铝加工工业的规模都居于世界第一的情境下，我们开展大规模的调查从而定量地分析我国铝工业的环境影响是十分必要的。

第五章　低碳生产模式构建的物质流分析

本章旨在运用物质流分析方法对构建我国铝业清洁-低碳生产模式的节能、降耗途径进行分析研究。努力降低我国铝产品生命周期各个阶段的原材料、能源、人工等各项耗费及机器设备的占用，提高各项资源的有效利用率，实现“增产节约、增收节支”，是构建我国铝业清洁-低碳生产模式的前提条件与基本途径。

第一节　物质流分析理论

物质流分析（MFA）的概念与方法形成于20世纪的不同年代及不同的研究领域，它是针对经济、生产活动中物质资源的新陈代谢进行分析、研究的重要方法。20世纪30年代，美国著名经济学家 Wassily W. Leontief（瓦西里 W. 列昂季耶夫）最早推出了输入-输出平衡表，奠定了物质流、能量流及污染物流分析的基础；1969年，Fischer-Kowalski（费希尔-科瓦尔斯基）首次基于经济学观点在国家层面进行了物质流分析。

20世纪70年代初，物质流分析的概念与方法应用于资源保护和环境管理，从而将物质流分析扩展到能量流分析（EFA）及污染物流分析。20世纪70年代至80年代，有关专家提出并完善了物质平衡理论、工业代谢理论，为物质流分析方法在整个经济系统的应用研究奠定了基础。

20世纪90年代初，德国有关专家提出了物质流账户体系及生态包袱的概念，之后也被称为隐藏流。

自1997年起，世界资源研究所分别对美国、奥地利、德国、荷兰及日本等国从国家经济系统层面进行了物质流动状况分析。2001年，欧盟统计局出版了有关经济系统物质流分析研究方法的第一部手册，对物质流分析的意义、内容、数据库管理及软件应用等问题进行了系统的介绍，并列举了许多经典案例。

尽管物质流分析是从物质总量流动分析研究开始的，但是，随着研究的不断深入，研究人员在某个区域层面、国家层面或在全球层面进行单个物质或单质（如银、铜、锌等）的流动分析，如美国耶鲁大学的研究人员就在不同的层面对银、铜、锌、铝等金属的流动特征做了大量深入、细致的研究。

综上所述，从物质流分析的演进历程回顾中可以了解到，整个经济系统、某个产业部门及某个具体产品生命周期评价是物质流分析的三个不同的视角。然而，不论从经济系统、产业部门和具体物质哪个视角展开物质流分析，质量守恒定律都是物质流分析的基本依据，将其分为输入、储存与输出三大部分，通过研究三者的关系，跟踪、定位物质资源的利用、迁移及转化途径。

第二节　铝的社会流动过程解析

从理论上讲，铝产品在其整个生命周期内的社会流动过程一般分为以下四个阶段：

（1）生产阶段，包括铝土矿开采、氧化铝生产、炭素阳极生产及电解铝生产。其基本原理是首先开采铝土矿，获得氧化铝生产的主要原料；然后，采用酸法、碱法或电炉熔炼法（目前世界各国均采用碱法，碱法又分为拜耳法、烧结法及联合法三种）生产氧化铝；由于阳极是电解过程的必需消耗品，采用煅烧石油焦、沥青和返回料为原料，经破碎、筛分、配料等生产出生阳极，再经焙烧得到预焙阳极产品；最后，采用霍尔-埃鲁特工艺，即冰晶石-氧化铝熔盐电解法，以氧化铝、氟化盐（包括冰晶石、氟化铝、氟化钠、氟化钙、氟化镁、氟化锂等）、阳极糊或预焙炭块为原材料，电解得到原生铝，并铸成铝锭。

（2）加工与制造阶段，包括铝加工材、铝铸件等半成品的生产及铝合金产品的制造。其基本原理是通过采用不同的铝加工（按照热处理方式分为热加工、冷加工、温加工等）方法将铝加工成板、带、条、箔、管、棒、型、线、粉、自由锻件、模锻件、铸件、压铸件、冲压件及深加工件等铝及铝合金产品。

（3）使用阶段，包括铝及其合金制品的使用、铝的社会累积等。前文已述及，由于铝及其合金材料具有质量轻、强度大、耐腐蚀、易延展、导电导热性强、易于回收利用等诸多优点，广泛应用于交通运输、航空航天、电子电器、石油化工、建筑包装、机械电气、文体卫生及人民生活等各个领域，并且消费量呈不断增加的趋势。

（4）报废、回收与再利用阶段，包括铝及其合金制品的报废、回收、铝废料预处理、再生铝熔铸等。铝产品的回收与再利用是节约铝资源、减少原铝生产阶段环境污染的最佳途径。

由于铝产品的应用广泛、使用过程较长、对环境的影响较小，铝产品报废与循环再利用的不确定性及数据难以取得等因素，本章主要针对铝土矿开采、氧化铝、炭素阳极、电解铝等生产阶段，铝半成品（如铝板带、铝箔、铝挤压材等）生产阶段，铝产品加工阶段与制造进行讲述。

因此，简化后的铝业生产阶段与加工阶段物质流如图 5-1 所示。

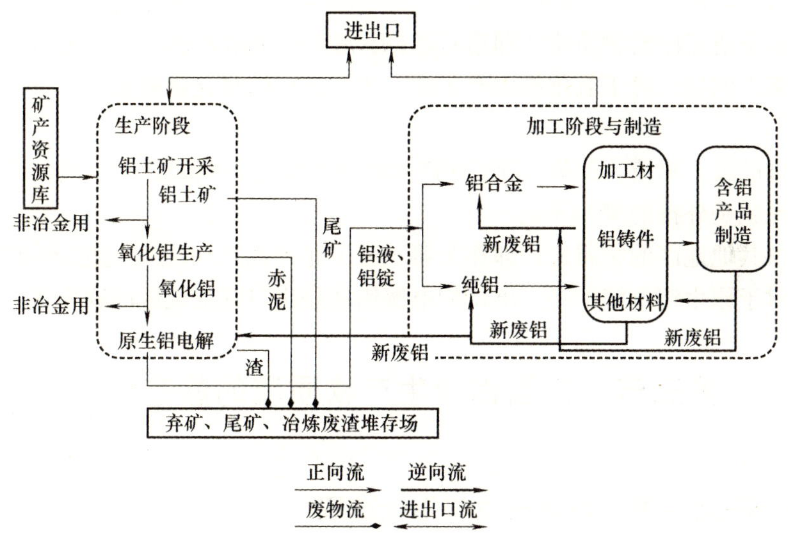

图 5-1 我国铝业生产阶段与加工阶段物质流

由图 5-1 可见，本章的研究对象（即包括的物质及过程）是铝业生产的各个工序的物质流。其中，工序包括了铝土矿开采、氧化铝生产、原生铝电解与加工等，物质流则主要包括铝土矿、氧化铝、电解铝、尾矿、赤泥、矿渣以及温室气体等。按流动方向可将各个工序的物质流归纳为正向流、逆向流、废物流、进出口流。

依据输入—输出模型，相关表达式如下：

来自上道工序的正向物质流 + 来自其他地区进口的物质流

= 进入下道工序的物质流 + 外排的废弃物流 + 出口其他地区的物质流

上述表达式如图 5-2 所示。

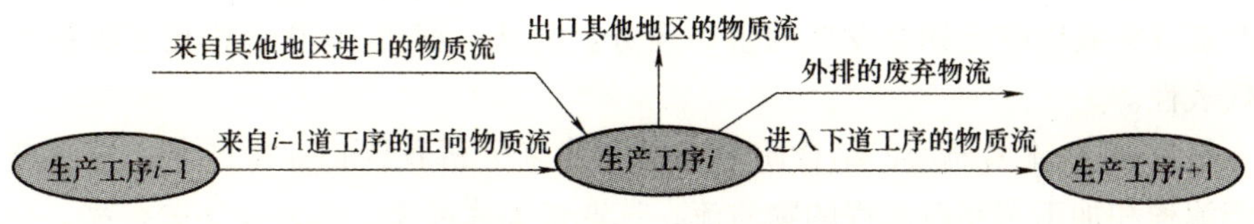

图 5-2 生产工序物质流

其中，来自上道工序的物质流，即第 $i-1$ 道工序的产成品作为原材料输入第 i 道工序的物质流。例如，对于原生铝电解工序，氧化铝就是来自上道工序的物质流。

来自其他地区进口的物质流，即作为第 i 道工序的原材料从其他地区进口的物质流。例如，对于氧化铝生产工序，进口的铝土矿就是来自其他地区进口的物质流。

进入下道工序的物质流，即第 i 道工序完工产品作为原料进入第 $i+1$ 道工序的物质流。例如，对于氧化铝生产工序，生产所得的氧化铝就是进入下道工序的物质流。

外排的废弃物流，即第 i 道工序产生的废弃物流。例如，对于氧化铝生产工序，赤泥就是外排的废弃物流。

出口其他地区的物质流，即作为第 i 道工序产品出口到其他地区的物质流。例如，对于原生铝电解工序，出口的电解铝就是出口其他地区的物质流。

第三节　我国铝业生产物质流的静态分析

一、研究范围、数据来源与指标选取

鉴于资料与数据的可得性，研究范围确定为《中国有色金属工业年鉴》《中国铝业年鉴》《中国统计年鉴》中统计覆盖的地区，即不包括香港、澳门、台湾地区在内，选择的时间跨度为 1 年。

本研究选取我国铝行业 2010 年的数据，确定铝土矿开采、氧化铝生产、炭素阳极、电解铝，以及铝及其合金制品生产、使用、报废、回收等各个阶段的资源消耗与利用情况，从整个铝行业层面对铝业生产的物质流进行分析，提供 2010 年我国铝行业的物质流图景。之所以如此，主要原因在于自 2008 年下半年开始，我国电解铝产能出现了严重过剩局面，连续五年电解铝产能利用率均未超过 75%。其中，2012 年电解铝产能达 2600 万 t，而实际产量约为 2000 万 t。电解铝产能过剩不仅导致恶性竞争加剧、行业全面亏损，而且拉动了上游氧化铝的产能膨胀及对铝土矿的最大需求。采取“疏、堵并举”策略淘汰落后产能成为我国电解铝业发展的重大任务。因此，我国 2010 年铝行业的数据最具代表性。

根据输入-输出模型，结合质量守恒定律来分析我国铝业生产各工序、整个生产流程和加工与制造流程的物质流，选取诸如废品率、单元金属收得率、材比系数、资源效率等指标来分析我国铝业生产与加工的物质流状况。

（1）废品率，即第 i 道生产工序生产的单位合格产品所产生的废弃物（以含铝量计）。

$$废品率 = \frac{外排的废弃物流}{进入下道工序的物质流}$$

（2）单元金属收得率，即投入单位原料所能生产出的产品产量（以含铝量计）。

$$单元金属收得率 = \frac{进入下道工序的物质流}{来自上道工序的正向物质流 + 来自其他地区进口的物质流}$$

（3）材比系数，即统计期内第 i 道工序的实物产量与原铝产量之比。

$$材比系数 = \frac{第\ i\ 道工序的合格产品物质流}{原铝产量}$$

二、分析数据与计算结果

根据研究目的及范围，如无特别说明，本章生产阶段各工序的物质流分析均以《中国有色金属工业年鉴》中统计的数据作为主要参考；对于一些非统计性的数据，则通过查阅文献及必要的调研获得，其具体内容如下：

（一）铝土矿开采工序的分析数据与计算结果

目前，我国氧化铝企业的供矿模式有自建矿山供矿、联办矿山供矿、收购铝土矿供矿三种，有些企业的收购量较大，最高可能占其总用矿量的 70% 以上。在这种现实状况下，铝土矿开采的相关统计数据就难以获得。为此，通过调研及文献查阅获得 2010 年铝土矿开采工序的相关物质流数据，详见表 5-1。

表 5-1　铝土矿开采工序物质流数据

物　质	物流量/万 t	含铝百分比	含铝量/万 t	备　注
矿山资源消耗	4453.58	32.4%	1442.96	
进口矿山资源				
铝土矿产量	3683.72	32.4%	1407.18	
出口矿山资源				
尾矿	2891.83	8.6%	248.70	Al_2O_3 含量按 17% 计

根据输入-输出模型，可得

铝土矿消耗量 + 铝土矿进口量 + 铝土矿产量 + 铝土矿出口量 + 尾矿量

计算得到如下指标：

（1）废品率 = 外排的废弃物流 ÷ 进入下道工序的物质流 × 100% = 248.7 ÷ 1194.26 × 100% = 20.82%。

（2）单元金属收得率=进入下道工序的物质流÷（来自上道工序的正向物质流+来自其他地区进口的物质流）×100%=1194.26÷1442.96×100%=82.76%。

（3）材比系数=第 i 道工序的合格产品物质流÷原铝产量=1194.26÷1614.59=0.74。

（二）氧化铝生产工序的分析数据与计算结果

氧化铝生产是铝业生产整个流程中的核心环节，由于我国铝土矿矿产资源的特殊性，目前大约50%的氧化铝采用拜耳法生产。1996—2000年，我国氧化铝产量以24.7%的年复合增长率增长；2001年以来，我国电解铝产能扩张迅速，导致了原生铝出口量和氧化铝进口量的同步增长，也带来了国内氧化铝产能的增加。由于我国氧化铝生产行业发展较为成熟，统计数据比较全面，可通过《中国有色金属工业年鉴》获得氧化铝生产工序的物质流分析数据，详见表5-2。

表5-2 氧化铝生产工序物质流数据

物　质	物流量/万t	含铝百分比	含铝量/万t
铝土矿	3683.72	32.42%	1194.26
进口铝土矿	3007	25.83%	776.71
氧化铝产量	2906.5	52.94%	1538.77
非冶金用铝土矿	367.91	30.2%	111.11
铝土矿出口量	—	—	—
赤泥	3522.39	6.35%	223.67

注：此工序铝元素不严格符合质量守恒定律是因为存在少量铝土矿出口量忽略未计及可容忍误差的存在，并非统计数据无意义。

由表5-2可见，2010年，我国铝土矿产量为3683.72万t，含铝量为1194.26万t；进口铝土矿3007万t，含铝量776.71万t；出口铝土矿0.015万t（由于数量很小，并且仅有少数年份出口，本文忽略不计）。我国为铝土矿的净进口国，而且从数据可见，净进口量巨大。2010年，我国氧化铝产量为2906.5万t，含铝量1538.77万t；非冶金用铝土矿为367.91万t，含铝量111.11万t；氧化铝生产工序产生赤泥3522.39万t，含铝量为223.67万t，根据输入-输出模型，可得

铝土矿国内产量+铝土矿进口量=氧化铝产量+非冶金用铝土矿量+铝土矿出口量+赤泥量

计算得到如下指标：

（1）废品率=外排的废弃物流÷进入下道工序的物质流×100%=223.67÷

1538.77×100% =14.54%。

（2）单元金属收得率=进入下道工序的物质流÷（来自上道工序的正向物质流+来自其他地区进口的物质流）×100% =1538.77÷（1194.26+776.71）×100% =78.07%。

（3）材比系数=第 i 道工序的合格产品物质流÷原铝产量=1538.77÷1614.59=0.95。

（三）铝电解工序的分析数据与计算结果

铝电解工序是我国铝产业链的关键一环。2000 年以前，我国电解铝业较为落后；2001 年以后，我国电解铝业发展迅速。目前，我国电解铝行业已经进入成熟期，根据《中国有色金属工业年鉴》及一些官方统计数据可获得铝电解工序的物质流分析数据，见表 5-3。

表 5-3　铝电解工序物质流数据

物　质	物流量/万 t	含铝百分比	含铝量/万 t	备　注
氧化铝	2906.5	52.94%	1538.70	
进口氧化铝	431.2	52.16%	224.91	以 98.5% 的品位计
新废铝	—	—	—	此处忽略不计
电解铝产量	1619.45	99.7%	1614.59	
非冶金用氧化铝	1.9	52.1%	0.99	
出口氧化铝	5.7	52.3%	2.98	
矿渣	3272	1.8%	58.9	碳化铝按 2.5% 计

注：此工序铝元素不严格符合质量守恒定律是因为存在少量新废铝忽略未计及可容忍误差的存在，并非统计数据无意义。

由表 5-3 可见，2010 年，我国氧化铝产量 2906.5 万 t，含铝量 1538.70 万 t；非冶金用氧化铝 1.9 万 t，含铝量 0.99 万 t；进口氧化铝 431.2 万 t，含铝量 224.91 万 t；出口氧化铝 5.7 万 t，含铝量 2.98 万 t；电解铝产量 1619.45 万 t，含铝量 1614.59 万 t；原生铝电解工序产生残渣 3272 万 t，含铝量 58.9 万 t。

根据输入—输出模型，可得

氧化铝国内产量+氧化铝进口量+新废铝量=电解铝产量+氧化铝出口量+非冶金用氧化铝量+残渣量

计算得到如下指标：

（1）废品率=外排的废弃物流÷进入下道工序的物质流×100% =58.9÷1614.59×100% =3.65%。

（2）单元金属收得率=进入下道工序的物质流÷（来自上道工序的正向物质

流+来自其他地区进口的物质流）×100% =1614.59÷（1538.77+224.91）×100% =91.55%。

（3）材比系数=第 i 道工序的合格产品物质流÷原铝产量=1。

（四）铝加工与制造工序的分析数据与计算结果

我国铝加工与制造工序包括铝半成品（包括铝加工材、铝铸件和其他铝材）的生产加工、铝合金半成品的加工及含铝产品的制造等，本工序的物质流分析数据主要来自《中国有色金属工业年鉴》《中国铝业年鉴》，具体数据详见表5-4。

表5-4 我国铝业加工与制造工序物质流数据

物　质	物流量/万t	含铝百分比	含铝量/万t
电解铝	1619.45	99.7%	1614.59
废杂铝、再生铝	480	68.93%	330.86
出口铝合金	56.08	83.73%	46.96
出口铝材	117.71	99.7%	117.36
铝制品：	1747.76	95.88%	1675.75
建筑	526	97%	510.22
交通工具	274	95%	260.3
耐用消费品	201.14	90.5%	182.03
电力电子设备	361.2	99.5%	359.39
包装	127.52	100%	127.52
机械设备	257.9	91.6%	236.24
加工损耗	3472.1	1.5%	52.08

注：此流程铝元素不严格符合质量守恒定律是因为存在少量新废铝忽略未计及可容忍误差的存在，并非统计数据无意义。

由表5-4可见，2010年，我国原铝产量1619.45万t，含铝量1614.59万t；出口铝合金56.08万t，含铝量46.96万t；出口铝材117.71万t，含铝量117.06万t；铝制品（其中包括建筑、交通工具、耐用消费品、电力电子设备、包装、机械设备等）1747.76万t，含铝量1675.75万t；废杂铝与再生铝480万t，含铝量330.86万t；加工损耗3472.1万t，含铝量52.08万t。

根据输入—输出模型可得

电解铝国内产量+废杂铝量+再生铝量=铝合金出口量+铝材出口量+铝制品产量+加工损耗量

由此得到我国铝业加工与制造工序的资源效率=铝制品产量÷（电解铝产量+

再生铝 + 废杂铝）×100% = 1675.7 ÷（1619.45 + 330.86）×100% = 86.13%。

基于上述分析可知，我国铝业生产主要分为铝土矿开采工序、氧化铝生产工序、原生铝电解工序、铝加工与制造工序及随后的使用、报废与再生工序，综合上述数据，得到我国铝业生产的物质流图，如图 5-3 所示。

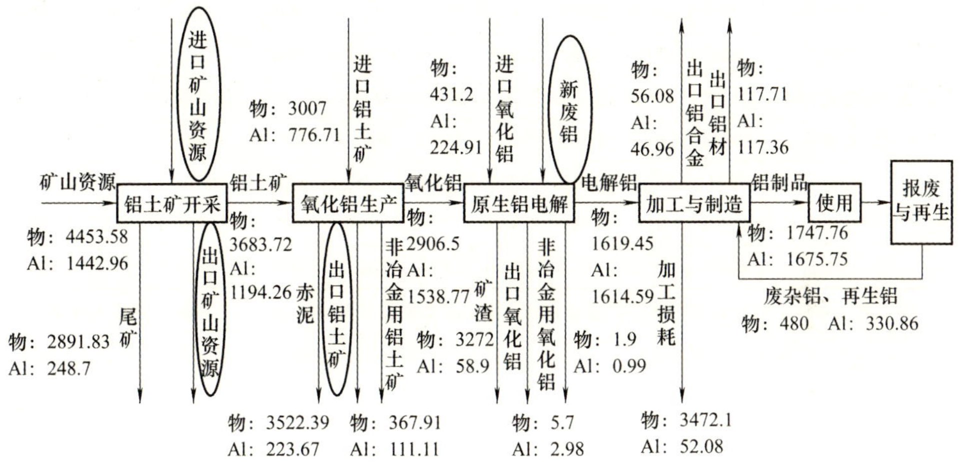

物：物质流总量（单位：万 t）

Al：铝含量（单位：万 t）

○ 为数据暂缺或为零

图 5-3　我国铝业生产物质流

第四节　我国铝业生产物质流的动态分析

为了深入了解我国铝业生产阶段各工序及生产流程、加工流程的材料消耗情况，明确我国铝业清洁-低碳生产模式构建的降耗途径，本章选取了 2001—2010 年共计十年的历史数据，分别核算了生产各工序的废品率、单元金属收得率，并绘制了各比率的柱状图，对我国铝业生产各工序的消耗情况进行动态趋势分析。数据主要来源于《中国有色金属工业年鉴》《中国铝业年鉴》及根据输入-输出模型进行的必要推算，其中关于各个物流量的含铝百分比（即品味值）由各类文献汇总而得。

一、铝土矿开采工序动态物质流分析

我国 2001—2010 年铝土矿开采工序的动态物质流数据见表 5-5。

表 5-5 铝土矿开采工序动态物质流数据 （单位：万 t）

物质	项 目	2001 年	2002 年	2003 年	2004 年	2005 年	2006 年	2007 年	2008 年	2009 年	2010 年
矿山消耗	物流量	1702	2028	2190	2396	2388	2479	3155	3725	4204	4454
	含铝百分比	30.6%	30.9%	31.5%	31.8%	31.5%	31.7%	31.9%	31.9%	32%	32.4%
	含铝量	520.8	626.7	689.9	761.9	752.2	785.8	1006	1188	1345	1443
铝土矿产量	物流量	643	1377	1457	1752	1740	2152	2396	2518	2921	3684
	含铝百分比	32.4%	32.4%	32.4%	32.4%	32.4%	32.4%	37.6%	38.2%	38.2%	38.2%
	含铝量	208.3	446.1	472.1	567.6	563.8	697.2	900.9	961.9	1115.8	1193.6
尾矿	物流量	1497	1901	1942	2011	2089	2250	2412	2572	2635	2892
	含铝百分比	8.71%	8.42%	9%	8.98%	9%	9%	9%	8.8%	8.7%	8.6%
	含铝量	130.4	160.1	174.8	180.6	188	202.5	217	226.3	229.3	248.7

注：此工序各年铝元素不严格符合质量守恒定律是因为可容忍误差的存在，并非统计数据无意义。

根据上述数据，依据输入-输出模型推演而来的废品率、资源效率指标的计算值详见表 5-6。

其中，

废品率 = 外排的废弃物流 ÷ 进入下道工序的物质流 、

单元金属收得率 = 进入下道工序的物质流 ÷（来自上道工序的正向物质流 + 来自其他地区进口的物质流）

表 5-6 铝土矿开采工序相关指标动态分析

指标 \ 年份	2001 年	2002 年	2003 年	2004 年	2005 年	2006 年	2007 年	2008 年	2009 年	2010 年
废品率	62.6%	35.89%	37.03%	31.82%	33.35%	29.04%	24.09%	23.53%	20.55%	20.83%
单元金属收得率	40%	71.18%	68.43%	74.5%	74.95%	88.72%	89.55%	80.97%	82.97%	82.74%

根据表 5-6 的废品率指标绘制的柱状图如图 5-4 所示。

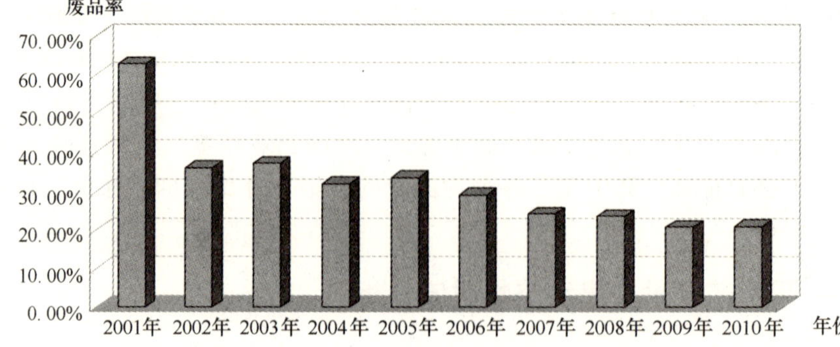

图 5-4 铝土矿开采工序废品率动态图景

根据表 5-6 单元金属收得率指标绘制的柱状图如图 5-5 所示。

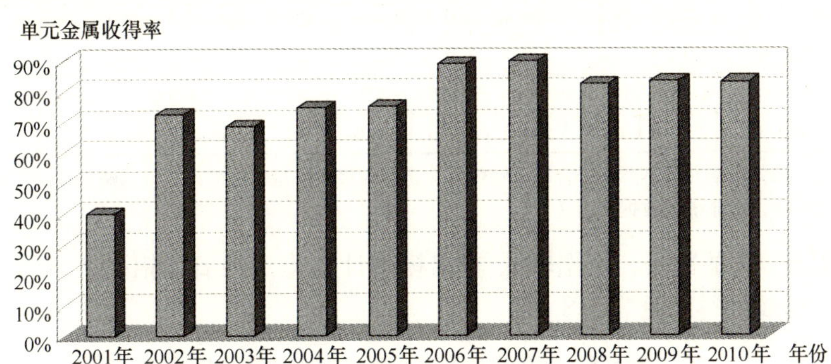

图 5-5　铝土矿开采工序单元金属收得率动态图景

依据上述结果可知，我国铝业铝土矿开采工序的废品率大致呈现逐年下降趋势，其中，2009 年达到过去十年的废品率最低，仅为 20.55%；单元金属收得率过去十年的走势恰恰与其相反，呈逐年上升趋势，这也与我国铝土矿开采业的发展趋势相符，但整体仍处于资源利用率不高、消耗量巨大、采储比在全球仍处于最高水平、资源过度开采情况严重、资源保障程度有限、自给不足的阶段。

二、氧化铝生产工序动态物质流分析

我国 2001—2010 年氧化铝生产工序的动态物质流数据见表 5-7。

表 5-7　氧化铝生产工序动态物质流数据　（单位：万 t）

物质	项　目	2001 年	2002 年	2003 年	2004 年	2005 年	2006 年	2007 年	2008 年	2009 年	2010 年
铝土矿产量	物流量	643	1377	1457	1752	1740	2152	2396	2518	2921	3684
	含铝百分比	32.4%	32.4%	32.4%	32.4%	32.4%	32.4%	37.6%	38.2%	38.2%	32.4%
	含铝量	208.3	446.1	472.1	567.6	563.8	697.2	900.9	961.9	1115.8	1193.6
进口铝土矿	物流量	32.08	40.28	61.75	88.2	216.6	968.3	2328	2593	1980	3007
	含铝百分比	26.5%	26.5%	26.5%	26.5%	26.5%	26.5%	26.5%	25.8%	25.8%	25.8%
	含铝量	8.501	10.67	16.36	23.37	57.4	256.6	616.9	669	510.8	775.8
氧化铝产量	物流量	274.7	545	611.2	698	853.6	1370	1947	2278	2379	2907
	含铝百分比	52.9%	52.9%	52.9%	52.9%	52.9%	52.9%	53.9%	53.2%	52.9%	52.9%
	含铝量	145.3	288.3	323.3	369.2	451.6	724.7	1049.4	1211.9	1258.5	1537.8
非冶金用铝土矿	物流量	92.6	154.7	265.9	310.3	348.6	420	502.5	584	653.2	367.9
	含铝百分比	31.5%	31.5%	31.5%	31.5%	31.5%	31.5%	31.5%	30.2%	30.2%	30.2%
	含铝量	29.17	48.73	83.76	97.74	109.8	132.3	158.3	176.4	197.3	111.1

（续）

物质	项　　目	2001 年	2002 年	2003 年	2004 年	2005 年	2006 年	2007 年	2008 年	2009 年	2010 年
赤泥	物流量	425.7	724.9	800.1	869.4	943.3	1591	3124	3267	3341	3522
	含铝百分比	6.35%	6.35%	6.35%	6.35%	6.35%	6.35%	6.35%	6.12%	6.3%	6.35%
	含铝量	27.03	46.03	50.81	55.21	59.9	101	198.4	199.9	210.5	223.7

注：此工序各年铝元素不严格符合质量守恒定律是因为存在少量铝土矿出口量忽略未计及可容忍误差的存在，并非统计数据无意义。

根据表5-7的数据，依据输入-输出模型计算得出的氧化铝生产环节的废品率、单元金属收得率见表5-8。

表 5-8　氧化铝生产工序相关指标动态分析

指标 \ 年份	2001 年	2002 年	2003 年	2004 年	2005 年	2006 年	2007 年	2008 年	2009 年	2010 年
废品率	18.6%	15.97%	15.72%	14.95%	13.26%	13.94%	18.91%	16.49%	16.73%	14.54%
单元金属收得率	77.44%	70.65%	79.88%	74.86%	88.31%	88.22%	77.16%	83.33%	88%	82.71%

根据表5-8氧化铝生产环节废品率绘制的柱状图如图5-6所示。

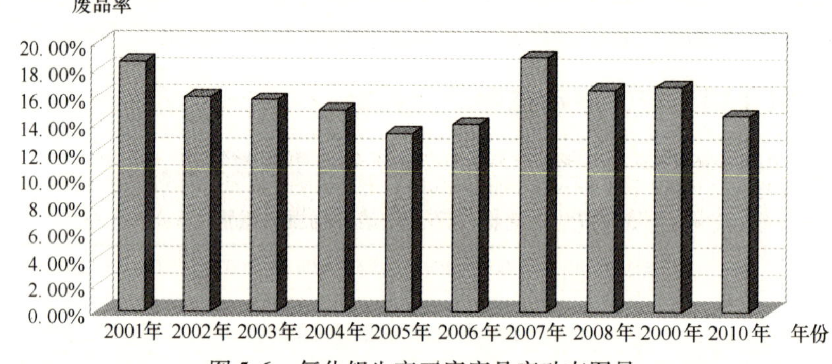

图 5-6　氧化铝生产工序废品率动态图景

根据表5-8氧化铝生产环节单元金属收得率绘制的柱状图如图5-7所示。

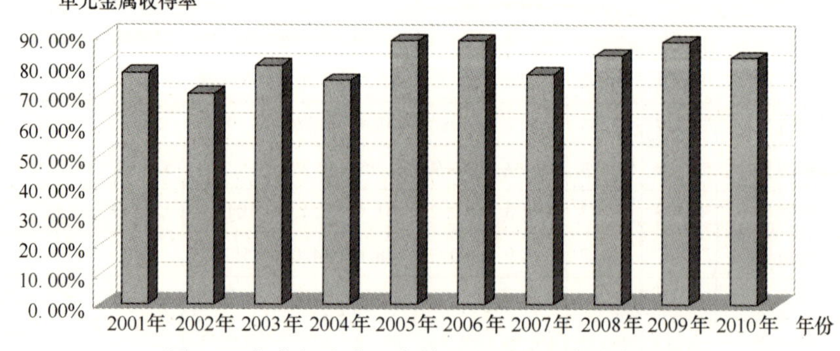

图 5-7　氧化铝生产工序单元金属收得率动态图景

由以上图表可见，我国氧化铝生产工序的废品率各年的变化不大，但作为成熟行业总体废品率较低，2005 年的废品率已经低至 13.26%；从单元金属收得率的走势图也可以得到同样的结论，这说明我国氧化铝行业正在高效率地蓬勃健康发展。尽管氧化铝产业已经相对成熟，但还有提升的空间。

三、原生铝电解工序动态物质流分析

我国 2001—2010 年电解铝生产工序的动态物质流数据见表 5-9。在前文中已述及，我国电解铝生产行业从 2002 年就进入了飞速发展时期，究其原因主要是由于需求旺盛、行业回报率高、市场竞争加剧和行业调控政策滞后等，从而导致了我国近年来产能严重过剩的局面。

表 5-9　原生铝电解工序动态物质流数据　（单位：万 t）

物质	项　目	2001 年	2002 年	2003 年	2004 年	2005 年	2006 年	2007 年	2008 年	2009 年	2010 年
氧化铝产量	物流量	274.7	545	611.2	698	853.6	1370	1947	2278	2379	2907
	含铝百分比	52.9%	52.9%	52.9%	52.9%	52.9%	52.9%	53.9%	53.2%	52.9%	52.9%
	含铝量	145.3	288.3	323.3	369.2	451.6	724.7	1049.4	1211.9	1258.5	1537.8
进口氧化铝	物流量	443.1	457.1	560.5	587.5	701.6	694.1	512.1	458.6	416	431.2
	含铝百分比	52.2%	52.2%	52.2%	52.2%	52.2%	52.2%	52.7%	51.3%	52.2%	52.2%
	含铝量	231.3	238.6	292.6	306.7	366.2	362.3	269.9	235.3	217.2	225.1
电解铝产量	物流量	332.2	423.1	554.7	612.7	780.6	935.8	1259	1318	1285	1619
	含铝百分比	99.7%	99.7%	99.7%	99.7%	99.7%	99.7%	99.7%	99.7%	99.7%	99.7%
	含铝量	331.2	421.8	553	610.9	778.3	933	1255.2	1314	1281.1	1614.1
非冶金用氧化铝	物流量	53.6	57.8	62.1	70.5	70.47	76.58	35.28	36.81	37.4	1.9
	含铝百分比	52.1%	52.1%	52.1%	52.1%	52.1%	52.1%	52.1%	51.9%	51.6%	52.1%
	含铝量	27.93	30.11	32.35	36.73	36.71	39.9	18.38	19.1	19.3	0.99
出口氧化铝	物流量	2.12	2.37	6.31	2.26	2.4	2.07	3.19	4.41	6.86	5.7
	含铝百分比	52.1%	52.1%	52.1%	52.1%	52.1%	52.1%	52.1%	52.3%	52.3%	52.3%
	含铝量	1.1	1.23	3.28	1.18	1.25	1.08	1.66	2.31	3.59	2.98
矿渣	物流量	310.7	341.2	532.1	765.3	978.7	1390	2398	2797	2719	3272
	含铝百分比	1.88%	1.88%	1.88%	1.88%	1.88%	1.88%	1.88%	1.88%	1.8%	1.8%
	含铝量	5.84	6.415	10	14.39	18.4	26.13	45.08	52.58	48.94	58.9

注：此工序每年铝元素不符合质量守恒定律是因为存在少量新废铝忽略未计及可容忍误差的存在，并非统计数据无意义。

根据表 5-9 的数据，依据输入-输出模型计算得出的电解铝生产环节的废品率、单元金属收得率见表 5-10。

表 5-10 原生铝电解工序相关指标动态分析

指标 \ 年份	2001 年	2002 年	2003 年	2004 年	2005 年	2006 年	2007 年	2008 年	2009 年	2010 年
废品率	1.408%	1.521%	1.778%	2.158%	2.364%	2.801%	3.592%	4%	3.82%	3.647%
单元金属收得率	95.29%	85.11%	95.3%	95.75%	99.83%	89.21%	96.65%	92.15%	88.2%	91.75%

根据表 5-10 电解铝生产环节废品率绘制的柱状图如图 5-8 所示。

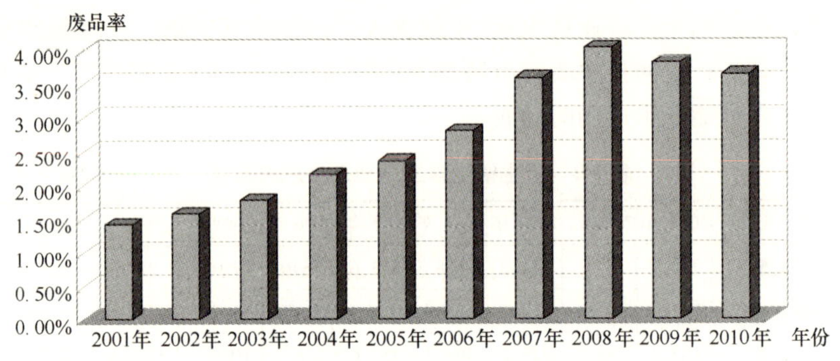

图 5-8 原生铝电解工序废品率动态图景

根据表 5-10 电解铝生产环节单元金属收得率绘制的柱状图如图 5-9 所示。

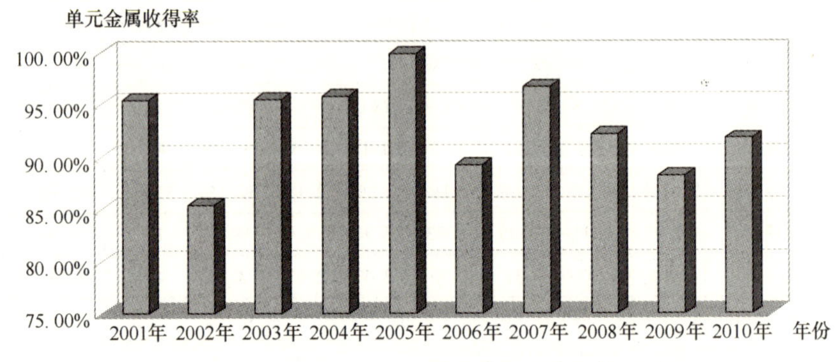

图 5-9 原生铝电解工序单元金属收得率动态图景

由以上图表可见，我国原生铝电解工序的效率非常高，2001 年至 2010 年，其废品率的基本走势是先逐年上升后逐年下降，单元金属收得率基本未发生大的趋势变动，一直较高。最近几年电解铝行业飞速发展的原因主要有以下四个方面：

（1）总体经济形势好。宏观经济的好转及我国在世界经济中地位的稳步提高使得国内对电解铝这一重要工业原料的消费日趋旺盛。

（2）我国为了摆脱亚洲金融危机的影响实行了积极的财政政策和货币政策，这也为电解铝生产行业的高速发展提供了必要条件。

（3）市场竞争的加剧使得各厂商提高竞争力，通过产能扩张、技术创新、降低成本、加强合作等手段来不断完善自身的发展模式。

（4）政府调控政策的滞后也助电解铝生产行业的发展一臂之力。

四、我国铝业生产流程物质流的趋势汇总分析

将上述铝土矿开采、氧化铝生产、电解铝生产的物质流数据汇总，得到我国铝业2001—2010年生产流程的各种铝相关物质流及其含铝量数据，有关资料见表5-11。

表5-11　生产流程动态物质流数据　（单位：万t）

物质	项　目	2001年	2002年	2003年	2004年	2005年	2006年	2007年	2008年	2009年	2010年
矿山资源消耗	物流量	1702	2028	2190	2396	2388	2479	3155	3725	4204	4454
	含铝百分比	30.6%	30.9%	31.5%	31.8%	31.5%	31.7%	31.9%	31.9%	32%	32.4%
	含铝量	520.8	626.7	689.9	761.9	752.2	785.8	1006	1188	1345	1443
进口铝土矿	物流量	32.08	40.28	61.75	88.2	216.6	968.3	2328	2593	1980	3007
	含铝百分比	26.5%	26.5%	26.5%	26.5%	26.5%	26.5%	26.5%	25.8%	25.8%	25.8%
	含铝量	8.501	10.67	16.36	23.37	57.4	256.6	616.9	669	510.8	775.8
进口氧化铝	物流量	443.1	457.1	560.5	587.5	701.6	694.1	512.1	458.6	416	431.2
	含铝百分比	52.2%	52.2%	52.2%	52.2%	52.2%	52.2%	52.7%	51.3%	52.2%	52.2%
	含铝量	231.3	238.6	292.6	306.7	366.2	362.3	269.9	235.3	217.2	225.1
电解铝产量	物流量	332.2	423.1	554.7	612.7	780.6	935.8	1259	1318	1285	1619
	含铝百分比	99.7%	99.7%	99.7%	99.7%	99.7%	99.7%	99.7%	99.7%	99.7%	99.7%
	含铝量	331.2	421.8	553	610.9	778.3	933	1255.2	1314	1281.1	1614.1
非冶金用铝土矿	物流量	92.6	154.7	265.9	310.3	348.6	420	502.5	584	653.2	367.9
	含铝百分比	31.5%	31.5%	31.5%	31.5%	31.5%	31.5%	31.5%	30.2%	30.2%	30.2%
	含铝量	29.17	48.73	83.76	97.74	109.8	132.3	158.3	176.4	197.3	111.1
非冶金用氧化铝	物流量	53.6	57.8	62.1	70.5	70.47	76.58	35.28	36.81	37.4	1.9
	含铝百分比	52.1%	52.1%	52.1%	52.1%	52.1%	52.1%	52.1%	51.9%	51.6%	52.1%
	含铝量	27.93	30.11	32.35	36.73	36.71	39.9	18.38	19.1	19.3	0.99
尾矿	物流量	1497	1901	1942	2011	2089	2250	2412	2572	2635	2892
	含铝百分比	8.71%	8.42%	9%	8.98%	9%	9%	9%	8.8%	8.7%	8.6%
	含铝量	130.4	160.1	174.8	180.6	188	202.5	217	226.3	229.3	248.7

（续）

物质	项　目	2001 年	2002 年	2003 年	2004 年	2005 年	2006 年	2007 年	2008 年	2009 年	2010 年
赤泥	物流量	425.7	724.9	800.1	869.4	943.3	1591	3124	3267	3341	3522
	含铝百分比	6.35%	6.35%	6.35%	6.35%	6.35%	6.35%	6.35%	6.12%	6.3%	6.35%
	含铝量	27.03	46.03	50.81	55.21	59.9	101	198.4	199.9	210.5	223.7
矿渣	物流量	310.7	341.2	532.1	765.3	978.7	1390	2398	2797	2719	3272
	含铝百分比	1.88%	1.88%	1.88%	1.88%	1.88%	1.88%	1.88%	1.88%	1.8%	1.8%
	含铝量	5.84	6.415	10	14.39	18.4	26.13	45.08	52.58	48.94	58.9

注：此流程每年铝元素不符合质量守恒定律是因为存在少量新废铝和少量铝土矿出口量忽略未计及可容忍误差的存在，并非统计数据无意义。

根据表 5-11 的数据，依据输入-输出模型计算得出的资源效率指标见表 5-12。

其中，资源效率（%）= 电解铝产量 ÷（矿山资源消耗 + 进口铝土矿 + 进口氧化铝）。

表 5-12　我国铝业生产流程相关指标动态分析

指标＼年份	2001 年	2002 年	2003 年	2004 年	2005 年	2006 年	2007 年	2008 年	2009 年	2010 年
资源效率	43.54%	48.15%	55.36%	55.94%	66.2%	66.43%	66.31%	62.8%	61.79%	66.06%

根据表 5-12 我国铝业生产流程的资源效率绘制的柱状图如图 5-10 所示。

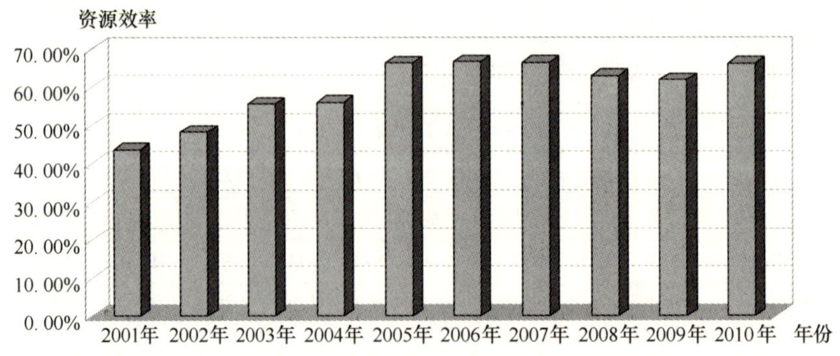

图 5-10　我国铝业生产流程资源效率动态图景

由以上图表可见，我国铝业生产流程的资源效率总体走势逐年上升，最高点是 2006 年的 66.43%，至 2010 年已达到 66.06%，这种资源效率逐年提高的发展趋势是值得肯定的，但仍有很大的提升空间。

五、我国铝业加工与制造流程物质流的趋势分析

由于电解铝液或铝锭并非用于消费的最终产品，而是要加工、制造成各种不

同的产品，因此对整个生产流程研究之后有必要对原铝加工与制造流程进行物质流分析。

我国2001—2010年铝业加工流程的动态物质流数据汇总见表5-13。

表5-13　加工流程动态物质流数据　　（单位：万t）

物质	项　目	2001年	2002年	2003年	2004年	2005年	2006年	2007年	2008年	2009年	2010年
电解铝产量	物流量	332.2	423.1	554.7	612.7	780.6	935.8	1259	1318	1285	1619
	含铝百分比	99.7%	99.7%	99.7%	99.7%	99.7%	99.7%	99.7%	99.7%	99.7%	99.7%
	含铝量	331.2	421.8	553	610.9	778.3	933	1255.2	1314	1281.1	1614.1
废杂铝、再生铝	物流量	54	97	121	157	194	235	390	260	311	480
	含铝百分比	56.8%	67.2%	68.9%	68.9%	55.6%	70%	70%	68.9%	68.9%	68.9%
	含铝量	30.67	65.18	83.37	108.2	107.8	164.5	273	179.2	214.3	330.7
出口铝合金	物流量	15.6	16.3	16.9	17.4	18.2	21.6	25.18	73.12	26.4	56.08
	含铝百分比	85%	85%	85%	85%	85%	85%	85%	83.7%	83.7%	83.7%
	含铝量	13.26	13.86	14.37	14.79	15.47	18.36	21.4	61.22	22.1	46.94
出口铝材	物流量	62.58	65.91	63.58	69.92	70.97	124	116.7	189.7	138	117.7
	含铝百分比	99.7%	99.7%	99.7%	99.7%	99.7%	99.7%	99.7%	99.7%	99.7%	99.7%
	含铝量	62.39	65.71	63.39	69.71	70.76	123.6	116.4	189.1	137.6	117.4
铝制品	物流量	359.9	395.9	544.6	683.9	817.5	935.8	1344	1261	1409	1748
	含铝百分比	94.8%	95.2%	95.5%	95.1%	94.9%	96.5%	95.8%	95.1%	95.5%	95.9%
	含铝量	341.2	376.9	520.1	650.4	775.8	903.4	1287	1200	1345.5	1676.3
加工损耗	物流量	2671	2713	2793	2832	2807	3000	3183	3250	3349	3472
	含铝百分比	1.5%	1.5%	1.5%	1.5%	1.5%	1.5%	1.5%	1.67%	1.5%	1.5%
	含铝量	40.06	40.7	41.9	42.48	42.1	45.2	47.75	54.28	50.23	52.08

注：此流程每年铝元素不符合质量守恒定律是因为存在少量新废铝忽略未计，并非统计数据无意义。

根据表5-13的数据，依据输入-输出模型计算得出的资源效率指标见表5-14。其中，资源效率（%）= 铝制品产量 ÷（电解铝产量 + 再生铝 + 废杂铝）。

表5-14　我国铝业加工流程相关指标动态分析

指标 \ 年份	2001年	2002年	2003年	2004年	2005年	2006年	2007年	2008年	2009年	2010年
资源效率	94.29%	77.4%	81.73%	90.45%	87.55%	82.31%	84.23%	80.36%	90.02%	86.13%

根据表5-14我国铝业加工流程的资源效率绘制的柱状图如图5-11所示。

如图5-11、表5-14所示，我国铝业加工流程的资源效率在2001—2010年的十年间变化不大，一直高于80%，2010年已达到86.13%。

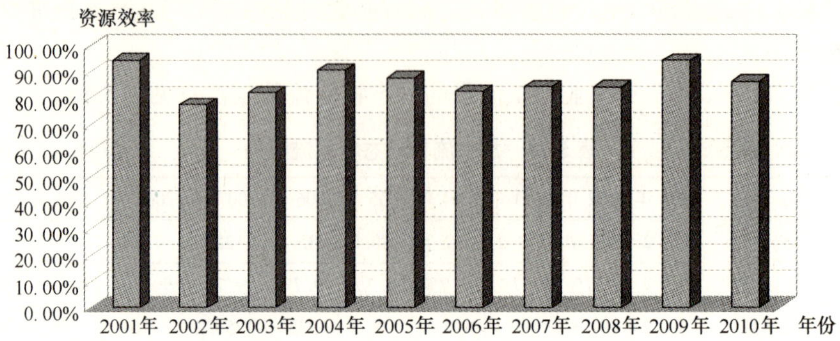

图 5-11 我国铝业加工流程资源效率动态图景

第五节 数据分析与建议

根据我国铝业生产 2001—2010 年十年间的动态变化趋势及现实状况，按照生产量与结构、消费量与结构、进出口量与结构、损耗量与结构几个方面进行数据分析，并提出以下建议：

（1）在生产量与结构方面，以 2010 年度我国铝业生产数据为例，铝土矿年产量 3683.72 万 t，其含铝量 1194.26 万 t，进口铝土矿 3007 万 t，其含铝量 776.71 万 t，分别占 60.59% 和 39.41%；我国氧化铝产量 2906.5 万 t，其含铝量 1538.77 万 t，进口氧化铝 431.2 万 t，其含铝量 224.91 万 t，分别占 87.25% 和 12.75%；2010 年我国电解铝产量 1619.45 万 t，其含铝量 1614.59 万 t，已达到 99.7%。上述数据表明，尽管铝土矿开采、氧化铝生产、原生铝电解等工序的废品率呈逐年下降趋势，单元金属收得率呈逐年上升趋势，但我国铝业生产流程的资源效率依然低下，其主要原因在于铝土矿开采工序所致，所以提高铝土矿开采工序的效率才是提高整个生产流程资源效率的关键。

鉴于我国的铝土矿多为一水硬铝石型，而国外的铝土矿大多是三水铝石型，只需低温、低碱浓度条件即可，因此，我国氧化铝生产的能耗指标一般会高于国外。在提高铝土矿开采效率方面，首先应以内蒙古、山西河南等地为重点，加强高质量铝土矿的开发利用；其次，在不断提高露天开采效率的同时，逐步完善地下开采的技术工艺并使其占据主导地位。在铝土矿的破碎和磨矿工序上，采用高压辊磨机、推行多破少磨工艺，矿石经粗碎、中碎后进入高压辊磨机，辊磨机出料再经球磨机细磨至要求的磨矿粒度，从而取消矿石的细碎。

（2）在消费量与结构方面，2010 年度我国原铝消费量为 1618.15 万 t；在铝半成品方面，2010 年所生产的铝加工材、铝铸件及其他铝材分别占铝半成品的 76.11%、19.77% 和 4.12%；在消费结构方面，2010 年我国铝半成品共产

1747.76 万 t，含铝量 1617.5 万 t，铝的部门消费结构如图 5-12 所示，其中位于前三名的消费大户分别是建筑行业、电力电子设备及交通工具。

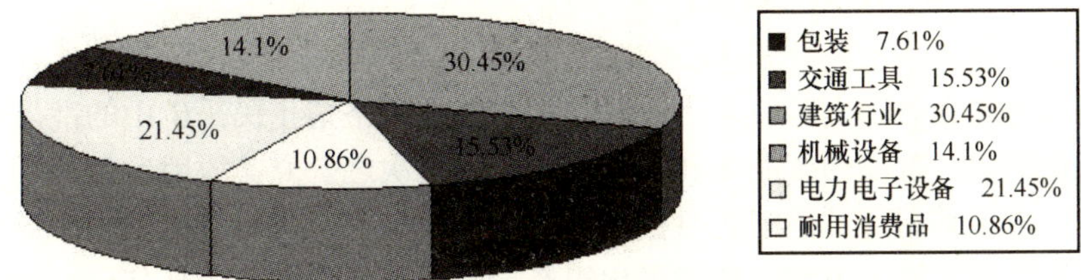

图 5-12 2010 年我国铝的部门消费结构

（3）在净进出口量与结构方面，2010 年我国铝土矿、氧化铝、电解铝、未锻轧铝、铝合金、铝材、含铝废料等进出口量及对外依存度数据如图 5-13 所示。

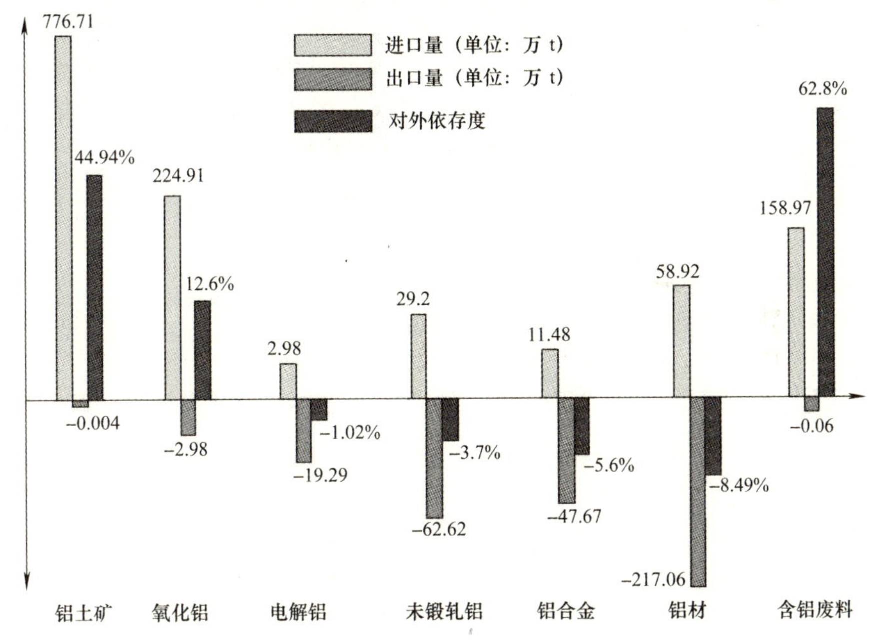

图 5-13 2010 年我国铝相关产品的进出口量及对外依存度

由图 5-13 可见，我国仍是一个铝材料及产品的需求大国，并非只是发达国家的铝初级产品制造基地，2010 年我国铝初级产品的出口只是近几年的产能扩张所带来的一种溢出效应。应积极利用越南、印度尼西亚等周边国家的矿产资源来弥补我国铝土矿资源的不足。与此同时，应加大勘查力度以开辟新的资源获取途径，支持企业到国外购买铝矿山，建立全球性的铝废料回收与运输网络等。

（4）在资源利用方面，经过计算求得我国铝土矿开采阶段的废品率为

20.82%、单元金属收得率为82.76%、材比系数为0.74；氧化铝生产阶段的废品率为14.54%、单元金属收得率为82.74%、材比系数为0.95；电解铝阶段的废品率为3.65%，单元金属收得率为91.75%，材比系数为1。

可见，我国铝土矿开采阶段的废品率最高，平均每开采4 t铝就要损失1 t，国家应大力加强对铝土矿开采工业的宏观调控，严格禁止民采矿山的乱采滥挖。

氧化铝生产阶段的废品率和单元金属收得率次之。究其原因在于拜耳法的广泛应用。由于采用拜耳法工艺时铝土矿资源消耗量大，其氧化铝回收率远低于联合法和烧结法。另一方面，随着氧化铝产量的快速增长，我国高品位铝土矿迅速减少。为了保持我国氧化铝工业的可持续发展，还不能完全停止采用联合法和烧结法，这就要下力气研究节能减排的工艺技术及措施，如拜耳法采用“高温低碱”强化溶出技术、熟料烧结采用干法喂料烧结工艺技术、采用串联法处理低品位铝土矿生产氧化铝时的合流脱硅工艺、生产过程采用计算机集中自动控制等。

2010年，我国铝业加工流程的资源效率为86.13%。与加工流程相比，生产流程仍是低资源利用效率流程，其资源效率仅为66.06%，还有很大的优化空间和潜力，必须通过深入分析确定关键工序并采取积极措施。

第六章　碳排放计量与管理

低碳生产模式的基本特征在于以清洁生产为基础，更加强化以二氧化碳、全氟化碳等温室气体为代表的低碳排放。在实务中，用于描述某个特定活动或实体产生温室气体（GHG）排放量的术语为“碳足迹”，它是供各个组织和个体评价温室气体排放对气候变化影响的方式之一。为了减少温室气体排放，有必要认识这些气体排放及其排放源。本章旨在运用生命周期评价（LCA）方法，对铝业生产过程中的二氧化碳、全氟化碳等温室气体排放计量问题进行全面、深入的研究。这是我国铝业清洁-低碳生产模式构建的核心内容。

第一节　国内、外研究文献综述

在最近的十余年间，基于二氧化碳（CO_2）、氢氟碳化物（HFCs）、全氟碳化物（PFCs）等温室气体排放量持续升高导致全球气候变暖及工业部门的碳排放始终为主要碳排放源的共识，如何减少工业生产中的碳排放成为相关各方关注的焦点。许多国家一直在持续关注减少碳排放的各种方案。例如，Golove 和 Schipper（1996）依据美国国内生产总值（GDP）的变化对经济产出和碳排放强度的影响及制造业的能源消耗引发的二氧化碳排放量的趋势进行了分析。Ugur Soytas，et al（2007）采用包含 GDP、能源消耗、二氧化碳排放量、劳动力和固定资本总额等变量的向量自回归（VAR）模型，研究了美国能源消耗、GDP 与碳排放量之间的因果关系。

我国学者徐国泉（2006）分析了 1995—2004 年间能源结构、能源效率和经济发展等因素的变化对中国人均碳排放的影响，得出能源效率和能源结构对抑制中国人均碳排放的贡献率都呈倒“U”形曲线关系的结论。范英（2007）基于人口数量、经济规模及城市化水平等构建了二氧化碳排放的预测模型。张兴平和程晓梅（2009）研究了中国能源消耗、碳排放量与经济增长之间的格兰杰因果关系及方向，定量分析的结果表明能源消耗是碳排放量的重要影响因素，碳减排的重要措施就是降低能源强度和碳强度。能源强度可以通过技术改革、产业结构升级来降低；碳强度则可以通过增加清洁能源的使用率和可再生能源的利用率来降低。

上述研究均是从宏观层面为应对全球变暖问题对碳排放作出的探讨，多集中于广泛的和日益依赖的经济因素（如国内生产总值），而对生产/制造系统中减少二氧化碳排放量的分析程序及计量方法、模型等的研究较少。为此，有必要构建工业企业生产的碳排放计量模型，对微观层面的工业企业生产碳排放情况进行科学、准确的计量，从而客观评价企业节能、减排效果，实现工业企业的清洁-低碳生产。

然而，由于不同行业的自身特性、能耗及碳排放量存在很大的差异，工业企业生产的碳排放计量模型的构建必须结合行业特点进行研究。基于铝行业生产，特别是电解铝生产是高能耗、高污染、高排放大户，其能耗约占有色金属行业总能耗的60%，因此，铝行业成为我国工业温室气体减排所应关注的重点行业。本章的目标在于结合电解铝生产的碳排放数据对工业生产碳排放计量模型的构建问题作出初步的研究。

目前，西方发达国家已开展了铝行业温室气体排放的生命周期评价研究。其中，欧洲铝业协会（EAA）在2008年发布了《欧洲铝工业的环境效应报告：铝生产和转化过程的生命周期清单数据》，该报告基于对欧盟27个国家、北美和其他经济合作组织成员国铝工业数据的问卷调查，编制了铝全生命周期各阶段温室气体排放清单。研究结果表明，铝电解过程的电力消耗、铝电解过程的直接排放和氧化铝生产是铝工业链温室气体排放的主要阶段，三个阶段占其全生命周期排放量的83%。

国际铝业协会（IAI）分别针对产品、企业及供应链制定了铝工业温室气体核算标准与工具，为系统核算原铝冶炼过程温室气体排放及减排潜力分析奠定了方法基础。随着我国原铝产能的不断提高，关于我国铝业温室气体减排问题的研究备受关注。例如，挪威科技大学采用情景分析方法的研究表明，未来我国铝业原铝产能将大幅提高，并对世界范围内铝行业温室气体排放产生较大影响。研究重点已从我国的铝产品生产能耗及温室气体排放逐步扩展到由铝材料贸易引发的更大范围的碳排放方面。国内不少学者也陆续开展了原铝行业碳排放相关研究。例如，高峰、倪祚仁、王志红等结合IPCC提供的燃料燃烧默认碳排放因子及有色工业统计数据，计算了我国2003年铝业温室气体排放量；武娟妮、万红艳、陈伟强借鉴了国际铝业协会提出的核算框架与相关参数，结合我国典型原铝冶炼企业能耗数据，核算了我国2005年原铝行业温室气体排放量；陈喜平等（2012）对电解铝二氧化碳的来源及工艺排放的计算方法进行了研究，得出了我国电解铝单位产品二氧化碳排放量和不同情景下的总排放量数据。

上述研究对明确我国铝业未来的节能减排方向、构建我国铝业的清洁-低碳生产模式提供了决策依据。

第二节 碳排放计量与管理流程

借鉴《PAS 2050 规范》使用指南：如何评价商品和服务的碳足迹，基于产品生命周期的碳排放计量与管理流程包括以下内容：

一、绘制工业生产流程图或产品寿命周期过程图

据有关资料统计，人为原因造成的 CO_2 排放总量约为 280 亿 t，其中超过三分之二来自能源使用和工艺排放。这些排放中约有 36% 来自工业，而钢铁、水泥、塑料、纸和铝五种主要原料的生产排放占到了 56% 以上。为了减少或降低工业生产的碳排放，有必要通过绘制工业生产流程图或产品寿命周期过程图，分别在整个企业层面或在某个单一产品层面对原材料、制造、加工分销、使用和处置各环节所表征出的碳源与碳足迹进行全方位、全流程的碳排查工作。因此，绘制工业生产流程图或产品寿命周期过程图就成为构建工业生产碳排放计量模型的首要步骤。

工业生产流程图或产品寿命周期过程图的绘制方法有以下两种：

（1）采用从企业到企业（B2B），即“从摇篮到大门”的方法，将碳足迹停留在该产品被提供给另一个制造商的节点上，产品的生命周期只包括从原材料通过生产直到产品到达一个新的组织，包括分销和运输到客户所在地，不包括额外的生产步骤、最终的产品分销、零售、消费者使用以及处置和再生利用。这种基于企业层面绘制的工业生产流程图可以说明工业企业各项生产要素的组合与内在联系、从原材料投入到产品产出的工艺流程、生产中各项资源的耗费及以二氧化碳（CO_2）为主的温室气体排放源与碳足迹，主要用于企业内部评价、确定温室气体排放的重点。

（2）采用从企业到消费者（B2C）的方法，即基于产品层面绘制寿命周期过程图，用以说明该产品从原材料一直到生产、分销、使用、处置或再利用等所有阶段的温室气体排放源与碳足迹，强调应把行动的重点放在哪些方面才能减少某个产品整个生命周期内的碳排放。

上述两种绘制方法各有侧重，但都为确定碳足迹的范围、边界及数据提供了依据。在具体绘制流程图时，最初要注意运用头脑风暴法，这样有助于提高过程图的绘制水平；然后通过大量使用内部的专业知识及现有的数据进行案头研究，以产品规格或材料清单为起点，先着眼于最重要的输入，再确定各自的输入、制造过程、储存条件和运输要求，最后通过走访供应链加以完善。寿命周期过程图在整个碳足迹计算过程中作为一种宝贵的工具，提供了走访的起点，并提供了指导收集数据和计算碳足迹的图示参考。

二、边界核查及优先序确定

对企业的整个生产过程或产品的整个生命周期中所表征出的碳源与碳足迹进行全方位、全流程的跟踪、考核与计量测定称作碳排查。显然，前者基于整个企业层面，后者基于整个产品层面，但两者的碳排查工作都置身于一个完整而独立的运作系统，进而列入所有的“实质性”排放，从而使系统边界得以划定，明确了碳排放量以及产品碳足迹计算的范围，即哪些生命周期阶段、输入和输出应纳入评估。

所谓“实质性”排放包括产品的生产、分销、使用、处置或再利用等过程中直接或间接产生的碳排放，将影响最终的产品碳排放总量的因子纳入系统中，同时严格摈弃不相关的作业与流程产生的碳足迹。

依据《PAS 2050 规范》使用指南：如何评价商品和服务的碳足迹，“实质性是指超过生命周期预期排放总量 1% 的任意来源贡献”（全氟化碳因具有强烈的温室效应，也纳入模型予以计量），具体到本文实际生产中的碳排放计量，在确认边界时应遵循以下三项原则：

（1）非实质性排放源不列入。

（2）输入过程中的所有人力、畜力不予计算。

（3）因分销订单客户的异同及路程疏离等原因，造成深加工以后的运输、仓储等诸多环节无法统一核算，计量结果在不同企业间不具备可比性，故不加以考虑。

通过使用估值和即时取得的数据决定一个排放源是否可能是实质性的，并进一步确定数据收集、整理的优先顺序。依据从各个流程与作业中提取出的碳排查的工作成果及模型计量的要求，并考虑对目标数据进行量化、修正与处理，将数据的优先序由重到轻分为考评级、忽略级、排除级三个层次。

（1）考评级。该层次等级最高，所含数据模型均需逐一测算，汇总加和后可得到用于行业内部参考比较的考评指标。根据数据来源的精确性不同，该层次又可细分为计量级和约当级。计量级数据要求根据电解铝实际生产作业，通过建立完善且易于操作的计量模型对其碳排放量进行准确计量。而约当级可利用日常生产总结出的铝产量与碳排放之间存在的线性关系，对某些碳排放总量较大而精度要求不高的环节加以简单衡量。

（2）忽略级。该层次等级适中，所含数据均能够对电解铝生产的碳排放总量产生一定程度的影响，但因与其相关排放水平较低，未能对碳排放总量产生实质性贡献。由此，与其相关各项作业环节的碳足迹均忽略不计，包括生产制造过程中的运输与储存、深加工与分销流程中各项作业所产生的碳排放。

（3）排除级。因本书研究内容所限，该层次数据所涉及的与工艺及其能源供应有关的碳排放数据均不予以考虑，包括原材料、辅助机物料供应环节所产生的碳排放。

三、数据收集与整理

为了详细、准确地计量碳排放和评估碳足迹，需要收集、整理具体而全面的数据。具体而言，所收集、整理的数据应具备以下质量特征：

（1）数据所覆盖的时间期限必须确切。

（2）产品所处的地理位置应该具体。

（3）产品技术与工艺流程应该具体、明确。

（4）所用信息（如数据、模型和假设等）准确性强。

（5）信息精确度高。

（6）如对数据值进行变异测量，其不确定性应该可以检查。

（7）数据完整性强。

（8）数据一致性强。

（9）数据可验证性强，即一个独立从业方可重复结果的程度高。

（10）数据来源明确。

碳排放的计算数据分为业务活动量及排放因子两类。前者指产品生命周期中涉及的所有材料和能源数量，包括物料输入和输出、能源使用、运输等；后者指单位业务活动所排放的温室气体数量（如每千克输入量或每千瓦时能源使用量的温室气体量），它将业务活动水平与温室气体排放量有机地联系在一起。

按照业务活动水平或层次，碳排放的计算数据又可分为基础（或初级）数据、辅助（或次级）数据。其中，基础（或初级）数据针对具体产品生命周期内产生碳排放的所有过程和材料，由企业内部、供应链中的上游企业或第三方直接测量获得。辅助（或次级）数据是指在无法获得基础（或初级）数据，或者上述数据质量有问题（例如没有相应的测量仪表）时，所使用的其他来源的数据，如由行业协会的行业报告或汇总数据对同类过程或材料的平均或通用测量数据，并非针对具体的产品由外部直接测量而获得。

在一些特定的情况下，只要具备可行性，辅助（或次级）数据则更具一致性、可比性，更为可取。政府有关机构或行业生命周期数据库是获得辅助（或次级）数据的重要来源。

四、碳排放计量与核算

通过数据的收集、整理，在获得了业务活动量和排放因子数据之后，碳排放量的计算公式就是整个产品生命周期中所有活动的全部材料、能源和废弃物乘以其排放因子之和。公式如下：

某一活动的碳足迹 = 活动水平数据（kg、m^2、kW · h 或 km）× 排放因子（每个单位的二氧化碳当量）

在每一项活动的温室气体计算出来以后，利用全球变暖潜势（GWP）将其换算为二氧化碳当量。其中，全球变暖潜势（GWP）是指一种温室气体单位大约相当于一个二氧化碳当量单位在一百年内产生的影响。

在计算碳足迹时，通常需要“质量平衡”，以确保所有输入、输出和废物流均被计入。

鉴于产品生产及生命周期的不同特点，当计算某个企业或某个产品的碳排放量时必须具体情况具体分析。

五、碳排放计量的不确定性分析与模型检验

对产品碳排放量的不确定性分析是对计量精确度的衡量，旨在确认碳排放量结果中的不确定性并使其最小化。

对于碳排放计量与管理而言，关于不确定性分析的内容并不是必须的。但是，碳排放量的不确定性分析有助于提高比较结果的可信度、提高基于碳足迹的决策水平，各公司可从对其碳足迹不确定性的评估中受益。其内容有以下三点：

（1）进一步判定数据收集情况，区分重点和非重点数据。

（2）进一步确认碳排放剂量模型的适用性，包括模型如何运行、如何改进以及模型结果如何更准确。

（3）如果通报结果，不确定性分析应向内部和外部使用者提供有关碳排放的确切信息。此外，碳排放计量与管理的后续步骤还包括结果审定与管理工作报告。

因此，完整的碳排放计量与管理流程如图 6-1 所示。

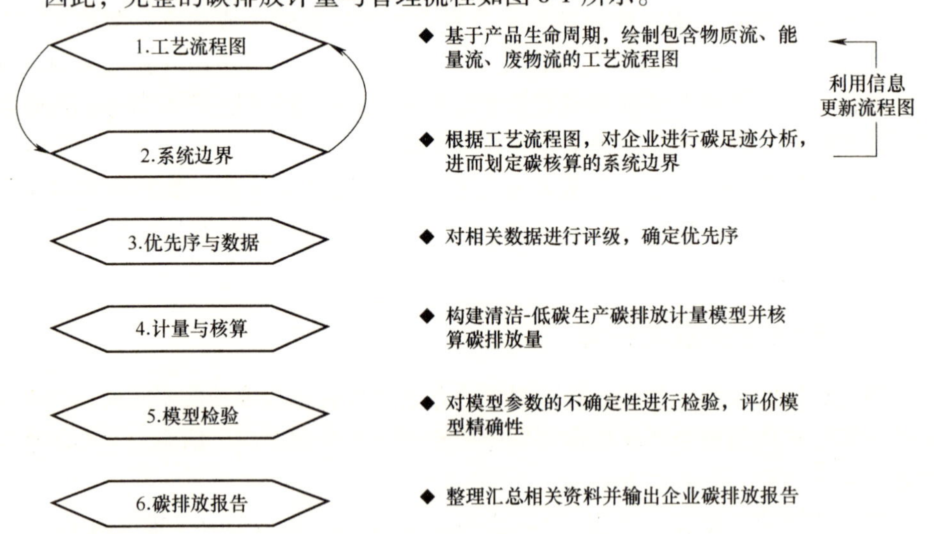

图 6-1　碳排放计量与管理流程

第三节 我国铝业生产碳排放情况分析

前已述及，完整的铝业产品生命周期分为铝土矿开采、氧化铝生产、铝用炭素材料生产、铝电解、加工与制造（包括铝加工材、铝铸件及含铝产品制造）、使用（包括含铝产品使用与铝的社会累积）、报废与循环（包括报废产品回收、铝废料预处理、再生铝熔铸）等阶段。

根据国际原铝研究所（International Primary Aluminum Institute，IPAI）在全球范围内对各国铝工业生产各工序平均能耗及温室气体排放状况的调查，各工序所需平均能耗为 182 ~ 212 MJ/kg，其能耗比例及组成如图 6-2 所示。

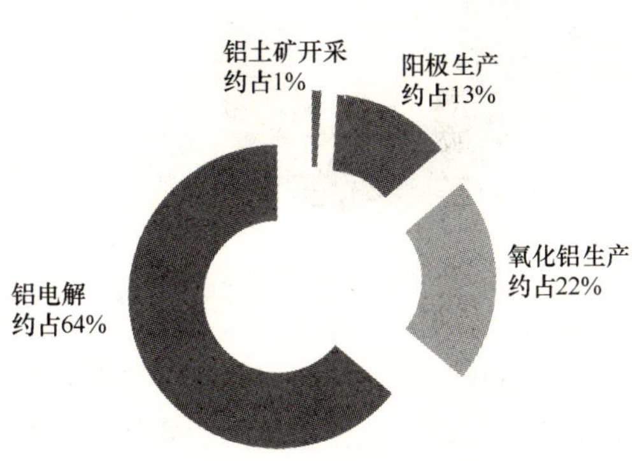

图 6-2 铝业生产各环节能耗比例

同样，根据国际原铝研究所（IPAI）发布的世界铝工业二氧化碳平均排放数据（其中考虑了过氟化物气体对二氧化碳的当量效应）及美国能源部发布的美国铝工业生产中的一氧化碳排放数据，将铝产品生产各环节的碳排放量按“与工艺相关”和“与能源相关”两个维度进行划分，见表 6-1。

表 6-1 原铝生产过程中的碳排放量明细表

碳源	生命周期	数量/[kg/t 铝]			比例		
		与工艺相关	与能源相关	合计	与工艺相关	与能源相关	合计
二氧化碳	铝电解	3 852	5 938	9 790	31. 26%	48. 19%	79. 45%
	阳极生产	285	91	376	2. 31%	0. 74%	3. 05%
	氧化铝生产	162	1 750	1 912	1. 31%	14. 2%	15. 52%
	铝土矿开采	0	244	244	0	1. 98%	1. 98%
	合计	4 299	8 023	12 322	34. 88%	65. 11%	100%
一氧化碳	铝电解	125	1. 3	126. 3	97. 98%	1. 02%	99%
	阳极生产	0. 28	0	0. 28	0. 22%	0	0. 22%
	氧化铝生产	0	1	1	0	0. 78%	0. 78%
	铝土矿开采	0	0	0	0	0	0
	合计	125. 28	2. 3	127. 58	98. 2%	1. 8%	100%

根据表6-1，铝土矿开采、氧化铝生产、铝用碳素材料生产、铝电解各个环节的二氧化碳排放所占的比例如图6-3所示。

根据表6-1，铝土矿开采、氧化铝生产、铝用碳素材料生产、铝电解各个环节的一氧化碳排放所占的比例如图6-4所示。

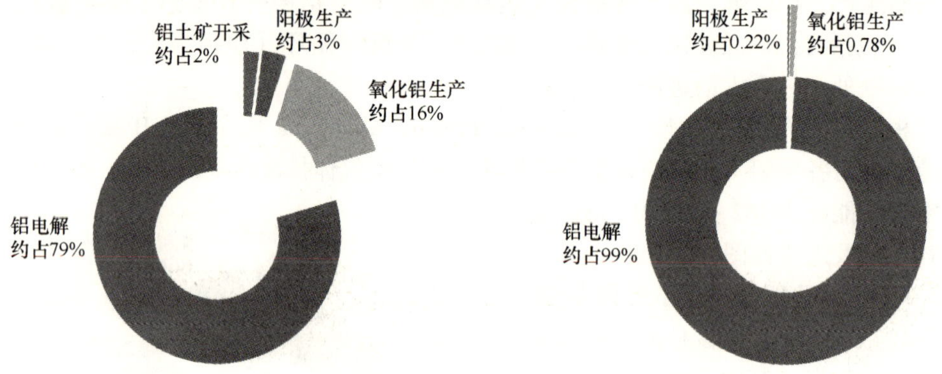

图6-3 铝业生产各环节二氧化碳排放比例　　图6-4 铝业生产各环节一氧化碳排放比例

由表6-1及图6-2、图6-3、图6-4可见，在铝产品的整个生命周期中，尤其对铝土矿开采、氧化铝生产、铝用炭素材料生产、铝电解四个生产环节而言，无论在生产工艺还是能源消耗方面，铝电解过程产生的碳排放最多，而且二氧化碳排放量更多地产生于能源消耗环节，说明欲降低电解过程的碳排放水平，除了对电解工艺本身进行革新外，有必要将电力结构的转变和电力效率的提高等上、下游辅助工序考虑在内。

鉴于铝业产品生命周期各个阶段的能耗及碳排放的特征，并考虑到铝及其合金制品加工制造的情况变化多样、使用过程漫长、报废与循环的不确定性、碳排放量较小及数据是否易得等因素，本章以电解铝生产的碳排放量计算为案例进行分析。

第四节　工业生产碳排放计量的案例分析

本节以电解铝生产的碳排放计量为例，对电解铝生产的原材料供应、制造、加工分销、使用和处置各环节进行案例分析。

一、电解铝生产流程图的绘制

在采用霍尔-埃鲁特工艺，即冰晶石-氧化铝熔盐电解法情况下，电解铝生产流程图参见图2-4。本章不再赘述。

二、电解铝生产碳排查边界与优先序的确定

由于电解铝的主导产品铝锭并非直接进入消费者手中，于是，碳排查工作便落实到原材料供应、制造、加工分销三个环节。

参照《PAS 2050 规范》的设计标准与原则，电解铝生产的碳足迹透视图如图 6-5 所示。

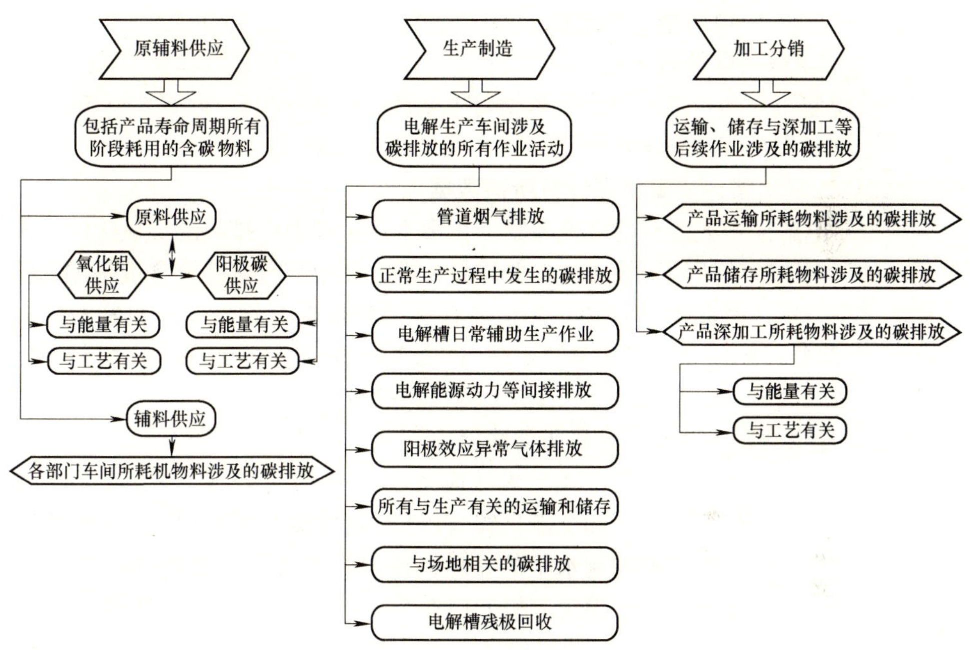

图 6-5 电解铝生产碳足迹透视图

第一层次：考评级。

计量级：

（1）正常生产过程中的碳排放。

（2）阳极效应中的异常碳排放。

约当级：

（1）电解过程中所需动力与能源的间接排放。

（2）与场地有关的相关耗费所产生的碳排放。

（3）电解槽日常生产作业与残极回收产生的碳排放。

第二层次：忽略级。

三、我国铝业生产碳排放计量的数据收集与整理

本文以电解铝生产的碳排放计量为例，相关数据准备与筛选情况如下：

（一）生产层面基本计量公式

（1）电解铝产出铝锭数 = 车间生产原铝（铝水）× η

式中 η——转化率，一般取值99.5%，即维持正常控耗0.5%的水平。

（2）每台电解槽每天生产的铝水(t) $=0.33569 \times 24 \times I \times CE \times 10^{-3}$（单位为吨）

式中 0.33569——铝的电化学常数，单位为 g/(A·h)；

24——每昼夜时数，单位为 h；

I——电解槽平均电流，单位为 A；

CE——电流效率。

（3）电解铝厂年产能 = 每台电解槽每天生产的铝水 × 电解槽数(n) × 365。

（4）电解铝厂年产量 = 电解铝厂年产能 × 开工效率（μ）。

（二）二氧化碳、一氧化碳计量所需数据

根据对电解槽工艺流程的实地考察，正常生产过程中所排放的二氧化碳、一氧化碳的计量取决于所用阳极碳的相关质量标准，其中灰分与硫分含量是影响其品位的重要指标，因此本文对预焙阳极考评标准将依据《铝用炭素材料检测方法 第19部分：灰分含量的测定》（YS/T 63.19—2012）、《铝用炭素材料检测方法 第20部分：硫分的测定》（YS/T 63.20—2006）。

（三）全氟化碳（PFC）计量所需数据

目前，世界多数国家都在使用阳极效应系数（AEF），即每天阳极效应的发生次数作为考评电解工艺技术和全氟化碳（PFC）的重要参数指标。另外，由于电解铝厂技术操作和计算机控制水平的差异，使得阳极效应的持续时间（AED）也有所不同，一般要求处理和熄灭阳极效应在5 min内完毕，但大多数熄灭作业时间都超过5 min，这使得PFC的排放量也大幅增加。因此，针对各电解铝厂分别考察与记录其阳极效应系数与时间并加以综合考虑，将有助于对PFC排放的精确计量。下文中有关阳极效应系数（AEF）与阳极效应的持续时间（AED）的数据均取自其对应铝厂的年度生产记录。

（四）其他约当级碳足迹核算所需数据

电解过程中所需动力与能源间接排放、与场地有关的相关耗费所产生的碳排放和电解槽日常生产作业与残极回收产生的碳排放均与电解铝厂的规模有关，并且其排放水平基本随铝电解年产量呈线性变化关系，故在实际核算中采取电解铝年度综合能耗加以集中反映。

需要补充说明的是，管道排放环节所表现的碳足迹为正常生产过程中的碳排放、阳极效应中的异常碳排放及其他需要经管道排放至大气的总和。

四、电解铝生产碳排放计量模型

基于以上对电解铝生产工艺流程的碳排查工作，可知该行业的碳足迹主要表

现在与工艺流程有关的 CO_2、CO 和氟化碳等的直接碳排放及与生产能源有关的间接碳排放两个方面，其基本公式如下：

$$E_T = E_{CO_2} + E_{CO} + E_{CF4} + E_{C_2F_6} + E_M$$

由此将以上碳排放计量与核算模型中的各项碳足迹加以分别计量，汇总加和即可得到某一特定电解铝企业于一定报告期间碳排放量的总体水平 E_T，现按前述数据优先级予以逐项阐明。

（一）CO_2、CO 排放计量模型

电解铝生产过程中绝大部分的 CO_2 排放来自于预焙阳极与氧化铝的电解反应，因此实际操作中是通过把电解 1 t 铝实际消耗的预焙阳极量换算成 CO_2 量，以此计算出报告期内电解铝生产过程中单位铝产量的 CO_2 排放水平。同时，因阳极碳中所含硫分与灰分等杂质，在计量阳极消耗时应予以考虑。此外，实际生产中由于电流效率不足、空气氧化及布多尔反应等原因造成一定比例的 CO 气体产生，进而影响单位铝产量所耗阳极碳，故应加以区分。

根据电解生产 1 t 铝锭的预焙阳极的实际消耗量，分别按以下公式计量 CO_2 与 CO 的排放量：

$$E_{CO_2} = \left[\frac{MA}{\eta} \times NAC \times N_1 \times \left(\frac{100\% - S_W - Asha}{100\%}\right)\right] \times \frac{44}{12}$$

$$E_{CO} = \left[\frac{MA}{\eta} \times NAC \times (1 - N_1) \times \left(\frac{100\% - S_W - Asha}{100\%}\right)\right] \times \frac{28}{12}$$

式中　E_{CO_2}——报告期内预焙阳极消耗产生的 CO_2 排放量，单位为 t；

E_{CO}——报告期内预焙阳极消耗产生的 CO 排放量，单位为 t；

MA——报告期内的铝锭产量，单位为 t；

η——铝锭与原铝之间的转化比率；

N_1——报告期内产生的 CO_2 与 CO 混合气体中 CO_2 所占的平均组份；

NAC——报告期内吨铝阳极净耗，单位为 t/t 铝；

Sw——报告期内预焙阳极中硫分的年度加权平均值，以质量百分数（%）计；

$Asha$——报告期内预焙阳极中灰分的年度加权平均值，以质量百分数（%）计；

44/12——CO_2 分子量与碳原子量之比；

28/12——CO 分子量与碳原子量之比。

（二）阳极效应 PFC 排放计量模型

基于前文资料与实际电解生产实践可得，阳极效应期间产生的 PFC 气体与阳极效应系数及阳极效应持续时间呈现出较为显著的线性相关关系，因此，为了便于统一计量口径，并能对各企业乃至全球铝行业在降低 PFC 方面所作出的努力和取得的成果进行公正的评价，本文也将采取线性模型构建 PFC 排放公式。同时，考虑到现阶段电解生产中阳极效应发生时可实现计算机自动控制，因而有必要对效应期间产生的不同气体加以区分。

计量模型构建：

$$E_{CF_4} = S \times AEF \times AED \times 6500 \times 10^{-3} \times MA$$

$$E_{C_2F_6} = E_{CF_4} \times N_2 \times 9200 \times 10^{-3}$$

式中 E_{CF_4}——报告期内阳极效应产生 CF_4的 CO_2排放当量，单位为 t；

$E_{C_2F_6}$——报告期内阳极效应产生 C_2F_6的 CO_2排放当量，单位为 t；

S——斜率（Slope），其范围为 0. 14 ~0. 16；

AEF——阳极效应系数，单位为次/天 · 槽；

AED——阳极效应持续时间，单位为 min；

6500、9200——分别为 CF_4和 C_2F_6的温室效应 CO_2排放当量倍数；

MA——报告期内的铝锭产量，单位为 t；

N_2——C_2F_6相当于 CF_4排放数量的比例。

（三）电力消耗（约当级）碳排放计量模型

由于电解铝年度综合能耗即铝锭综合交流电耗水平包括了原铝电解直流电耗和车间、辅助作业及所有管理场所日常运行所需能源，因而能够从电解铝企业整体层面考核其生产经营管理状况，是该铝厂综合管理绩效与节能减排成果的集中体现。

本节采用电解铝锭综合交流电耗来表征约当级数据与碳排放之间存在的线性关系，并根据目前我国能源结构及相应的碳排放系数转换成 CO_2排放当量。其计量模型如下：

$$E_M = E_a \times (S_1 \times F_1 + S_2 \times F_2 + S_3 \times F_3 + S_4 \times F_4) \times MA$$

式中 E_M——报告期内据铝锭综合交流电耗换算得 CO_2 排放当量，单位为 t；

E_a——报告期内单位铝锭的综合交流电耗，单位为 kW · h/t 铝；

S_1——2000—2009 年，我国能源消费结构中煤炭平均所占比例，以百分数计；

S_2——能源消费结构中石油平均所占比例，以百分数计；

S_3——能源消费结构中天然气平均所占比例，以百分数计；

S_4——能源结构中清洁能源（水电、核电、风电）平均所占比例，以百分数计；

F_i——第 i 种能源消费的 CO_2 排放强度（i=1，2，3，4，分别代表煤炭、石油、天然气及清洁能源等），即各种能源的碳排放系数；

MA——报告期内的铝锭产量，单位为 t。

2000—2010 年，我国能源一次消费结构平均数来源于国家统计局公布的年鉴资料。另外，根据 IPCC 的假定，可以认为某种能源的碳排放系数是不变的。因此，相关数据汇总整理见表 6-2。电解铝生产过程 CO_2 排放及国内外的对比见表 6-3。

表 6-2 各种能源消费比例及碳排放系数汇总

项 目	煤 炭	石 油	天然气	清洁能源
S_i(%)①	69.85	20.29	2.84	7.02
F_i（104 t 碳/104 t 标准煤）	0.7476	0.5825	0.4435	0

① 数据根据我国统计年鉴（2000—2010 年）[M]. 中华人民共和国国家统计局. 北京：中国统计出版社；中国统计年鉴（1998—2010 年）[M]. 中华人民共和国国家统计局. 北京：中国统计出版社；能源统计年鉴（2000—2010 年）[M]. 中华人民共和国统计局. 北京：中国统计出版社；中国能源统计年鉴（1998—2010 年）[M]. 中华人民共和国国家统计局. 北京：中国统计出版社整理而来。

表 6-3 电解铝生产过程 CO_2 排放及国内外的对比

国 家	基准年份	区域电网	火电比例/%	电力生产/电解铝及铸锭生产（以 1 t 铝计）		
				CO_2 排放因子/[kg/(kW·h)]	综合交流电耗/(kW·h/t)	CO_2 排放/(kg/t)
中国	2003 年	全国平均电力结构	—	0.742①	15 026	11 151
	2005 年	全国平均电力结构	82	0.686①	14 573	9 998
	2010 年	华中电网	72.5	0.746	13 916	10 381
欧洲	2005 年	—	33.1	0.306①	15 040	4 600
世界(不包括中国)	2005 年	—	37.6	0.349①	15 372	5 372

① 根据相应文献数据进行估算。

另外，鉴于 PFCs（多氟化物）的潜在温室效应为 CO_2 的 6500 倍以上，PFCs 的排放问题已经得到原铝冶炼行业的广泛关注。电解铝企业应进一步广泛开展电解过程 PFCs 减排的工艺技术及监测及管理机制研究，以全面降低我国原铝冶炼过程多氟化物的排放。

“十二五”期间，我国继续发展非化石能源发电、减少供电煤耗，电力生产相关 CO_2 排放强度将进一步降低。而原铝冶炼行业也继续淘汰落后产能，推广先进工艺技术。由此估计，我国原铝冶炼过程 CO_2 排放因子会进一步得到有效控制。

（1）构建了基于涉碳物料—工序—工艺三个层面的原铝冶炼过程碳排放核算模型及相应基础数据库。模型对已有核算框架进行细化，充分考虑不同生产工艺、原料及能源结构等对原铝冶炼过程温室气体排放的影响。

（2）2011 年，我国原铝冶炼过程 CO_2 排放因子为 14.70 t/t 铝，间接排放占

73%。其中，氧化铝生产能耗相关排放较2003年降低53%，电解铝生产过程阳极消耗引起的直接排放为1.45 t/t铝，小于IPCC默认值（1.60 t/t铝）。

（3）我国原铝冶炼过程每吨铝的CO_2排放因子受工艺类型、能源结构等影响较大。原铝冶炼行业应加强物料、能源管理，在满足生产工艺条件下，优先选用碳排放因子较低的物料；同时，应强化电解槽电流效率、开发引进低温低电压工艺技术，以进一步降低电解电耗及相应碳排放。

五、碳排放计量的不确定性与模型检验

在确定电解铝生产低碳排放模型后，企业具体应用前还应对该模型的不确定性（或称稳定性）进行检验。若模型的不确定性为零，则说明对其进行碳足迹评价中不涉及任何参数的自适应性变化，模型的计量核算结果仅与铝产量等有限数据的不同而呈线性关系，会大大降低模型计量的真实性与精确性。由于碳足迹计算的本质涉及估计和判断，每项输入或变量都可围绕着某一均值（如行业平均值）而呈概率分布，在一定程度上具有与之相关的不确定性。因此，有必要逐一考量每个参数的不确定性，并采取一定的技术分析方法对整个模型的稳定性进行检验。

（一）计量参数的不确定性分析

经过对中国铝业集团贵阳分公司及贵阳镁铝设计研究院的走访实习，本书初步掌握了模型中参数的有关资料，并加以汇总整理，见表6-4，其中数据列示均为我国现阶段电解铝厂生产的实际水平，采用均值—标准差等统计量对各参数进行不确定性描述。另外，本书还参阅了行业推荐性标准YS/T 63—2006中的有关内容。

表6-4　各参数不确定性透视表

参　数	均值（μ）	标准差（σ - ±%）	备　注
η（%）	0.50%	40	波动范围：0.30%～0.70%
NAC/t	0.425	1.18	波动范围：0.42～0.43
S_W（%）	2%	10	波动范围：1.8%～2.2%
Asha（%）	0.50%	5	波动范围：0.525%～0.475%
N_1（%）	20%	100	波动范围：0～40%
S（%）	0.15	66.67	波动范围：0.14%～0.16%
AEF（次/天·槽）	0.15	50	波动范围：0.1～0.2
AED/min	4	25	波动范围：3～5
N_2（%）	10	50	波动范围：5%～15%
E_a/（kW·h/t铝）	14 000	7.14	波动范围：13 000～15 000
MA/t	—	2	—

模型中参数 MA 系各铝厂报告期内铝锭产量，S_i 与 F_i 取值参见表 6-2。对参数进行不确定性分析产生的数据可有助于以下两个方面：

（1）量化总体碳足迹的不确定性（碳足迹本身的范围及分布）。

（2）通过进一步的情景分析或蒙特卡洛分析对模型总体的稳定性进行检验，按生命周期阶段或模型输入考察整体的不确定性，以确定出相对“热点”，评判其贡献率及敏感程度，发现碳减排工作的重点突破口。

（二）计量模型的稳定性检验

综合模型中的参数的不确定性用以计量模型整体稳定性的方法主要有情景分析和蒙特卡洛分析。前者也称最大最小值测试，用以测算参数发生最好和最差情景时的碳排放水平，计量思路及过程较为简单。后者可通过附有该分析的软件包或专业的寿命周期分析（LCA）包来完成，其思路如下：①确定并输入每项参数的概率密度：分布类型（如正态或对数正态）、可信度达到 95% 的输入值上限/下限及相关系数。②经过一个多次重复的过程，根据其分布随机不断地更改输入值，并且记录输出所产生的新值（碳足迹）。③每项输入均重复上述过程，从而建立碳足迹结果的概率密度，这一不确定性结果可按“ ±%”或按值予以范围报告。本书限于数据来源的精确程度，采用情景分析方法加以测量且结果见表 6-5。

表 6-5 模型稳定性检验结果（采用情景分析法）

碳足迹	最好(比例)	适中(比例)	最差(比例)
E_{CO_2}	0.902MA(9.6%)	1.222MA(11.57%)	1.552MA(13.21%)
E_{CO}	0MA(0)	0.194MA(1.84%)	0.395MA(3.36%)
E_{CF_4}	2.73×E-4MA(0.003%)	5.85×E-4MA(0.01%)	1.04×E-3MA(0.01%)
$E_{C_2F_6}$	1.27×E-4MA(0.001%)	5.43×E-5MA(0.001%)	1.451×E-3MA(0.01%)
EM	8.489MA(90.40%)	9.142MA(86.58%)	9.795MA(83.40%)
ET	9.391MA	10.558MA	11.744MA

将表 6-5 中数据进行透视可得图 6-6。

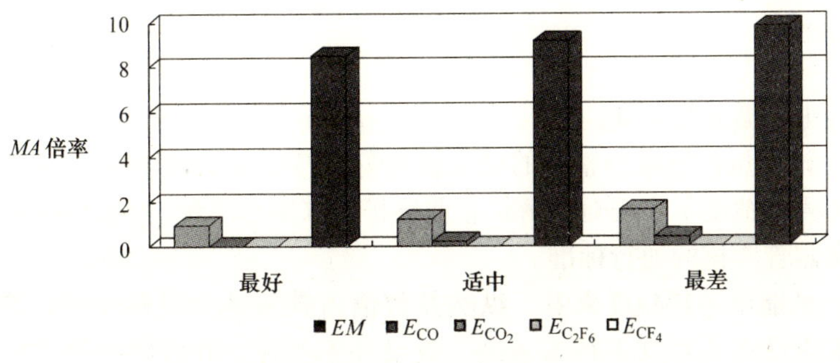

图 6-6 计量模型稳定性检验透视图

由图6-6可看出，因电解铝综合能耗涉及的碳排放占电解铝生产总碳排的主要部分，而电解反应产生的CO_2，即与工艺相关的碳极氧化、阳极效应等碳排放是目前采用霍尔-埃鲁特工艺必然产生的，其降低幅度无论在技术还是管理上都极为有限。因此，电解铝企业推行碳减排工作的重中之重是要加快节能降耗等新技术的研发进程，通过对影响综合能耗的制约因素加以分解分析，制定行之有效的技术创新研发与排放监管机制，善于利用模型中参数的不确定性与整体的稳定性不断探索节能减排工作新的突破口，以形成模型驱动企业可持续发展的长效机制。

六、电解铝生产企业对计量核算模型运用

以年产14万t铝锭的电解铝厂为例，其碳足迹及排放量水平见表6-6。其中稳定性计算为最好、最差分别与适中情形差值的平均数除以适中情形的数值所得。

表6-6 年产14万t铝锭的电解铝厂碳足迹及排放情况

碳 足 迹	最好/t	适中/t	最差/t
E_{CO_2}	126 214.26	171 025.4	217 232.4
E_{CO}	0	272 09	55 295.85
E_{CF_4}	38.22	81.9	145.65
$E_{C_2F_6}$	17.78	7.56	203.14
EM	1 188 429.76	1 279 847.8	1 371 265.66
ET	131 469 9	1 478 171.66	1 644 141.94
稳定性	11.14%		
其中：			
与能源相关	1 188 487.896	1 279 801.023	1 371 214.378
稳定性	7.14%		
与工艺相关	126 211.104	198 370.636 8	1 644 141.94
稳定性	36.98%		

由表中数据分析可知：

（1）该计量核算模型整体的稳定性较好，反映出该模型可以在现行生产条件允许的测量精度下实现对电解铝企业碳排放水平的考量，因此适宜行业应用并作为国家监管考核的通行标准。

（2）从能源消耗角度来看，纵然其数值占碳排放总量的比例较高，但以目前的技术质量水平对其进行碳管理，效果并不明显，并且减排的空间有限（因与能源相关的碳排放数据最好与最差情形相差不大，稳定性仅为7.14%），对其

所造成的碳排放应以技术创新并不断提高能源的使用效率为主。

（3）从工艺流程角度来看，其碳排放数量占总量比例虽不高，但以现在的工艺操作水平来讲，其排放量存在较大的不确定性（稳定性水平高达36.98%），这也将体现在企业质量管理体系运用程度上，减排增效的潜力较大。因此，企业应加强工艺流程的标准化操作，不断挖潜节能减排突破口，优化产品作业面，牢固确立全员节能增效的企业精神，弘扬行业绿色低碳文化。

本文通过引入最新的温室气体排放体系，借鉴其考评思路对电解铝生产过程中的碳足迹进行了全面排查，并参照《PAS 2050：2008 规范》：商品和服务在生命周期内的温室气体排放评价，对数据进行了严格的筛选与系统边界的划定，在此基础上构建出的低碳排放计量模型，在内容上几乎可以辐射电解铝生产作业中的全部碳足迹，在形式与核算过程方面能做到清晰明了、便于操作，而且参数设置易于取得、波动性相对较低，模型整体的稳定性与应用效果较好。因此，我们可以认为：

（1）从能耗与工艺两个维度重新审视计量模型，追踪影响碳排放总量的重要技术参数和工艺流程，深入挖掘其对企业节能降耗目标贡献的巨大潜力，可以为今后的电解铝综合技术改革与创新发展指明方向。

（2）运用模型以加强电解铝企业的碳管理工作。由于模型开发始于企业内部，数据多源于日常管理数据，因而在选择考评碳足迹、计量碳排放方法时可充分结合企业自身实际情况，对模型进行全方位的运用与改进，将其分解落实到日常各项生产作业指标的完成上，进而形成全员参与、全员管理和企业优化的减排意识，不断捕捉和发现节能降耗突破口。

（3）对电解铝生产过程中二氧化碳、全氟化碳等温室气体排放进行准确测定与计量成为对企业进行碳排放限额管理和控制的关键。弥补现阶段该行业没有统一测定温室气体排放量方法的缺陷，也为相关部门进一步制定二氧化碳、全氟化碳等温室气体排放限额与测算方法提供决策支持，为实现整个行业结构调整与优化升级做出积极的贡献。

第七章 低碳生产模式的构建方案

本章结合我国铝业低碳生产的实际情况，探讨实现低碳生产的具体途径，并设计、制定具体的构建方案，旨在降低能源及原材料的消耗、提高资源的有效利用率、减少污染物以及温室气体排放，最终达到经济效益和环境效益的统一。不论是对于单个企业，还是就整个行业而言，制定明确、具体的低碳生产实施方案都具有十分重要的意义。

第一节 研究文献综述

在以往的关于生产领域的研究中，大多数研究集中于诸如成本最小化、质量保证以及客户满意度等方面，很少将降低原材料及能源消耗、提高各项资源有效利用率、减少污染物以及温室气体排放等作为作业系统优化中的关键因素。然而在最近的十几年间，许多国家一直在持续关注实施低碳生产的各种方案。

关于实施低碳生产的具体方案，其涉及内容包括原材料利用率、生产设备使用效率、生产工艺先进程度以及员工劳动生产率高低等多方面因素。Sivasubramanian R. 等人在2003 年探讨了提高各项资源利用率的具体途径，包括降低原材料消耗、减少生产过程中的排队/等待时间、合理安排生产环节中的先后顺序，从而创造最优化的生产系统，使不必要的能源消耗以及温室气体排放量大幅度减少。

Yuichi 在 2004 年基于小型化及微型制造的概念，指出小型化及微型制造系统相对产量较高，同时资源、能源耗费降低。Mishima 在 2006 年的研究也表明小型化及微型制造系统能源消耗更低、产生热量更少，减少了不必要的碳排放，是实现低碳生产的重要途径。

基于资源、能源消耗以及废弃物、温室气体排放等不仅发生在生产领域，而且也发生在交通运输环节，Bateman and Cheng 在 2002 年提出了“转移制造”方法。该方法集合了网络系统、大规模定制及适时生产三个要素，使客户可以在最近的位置得到其产品，从而形成运输距离最短、供应链的环节最少、温室气体排放量最低的制造系统。

由于在现代工业系统中几乎所有的机器设备均以电能为主要能源，如何提高能源效率成为实现低碳生产的首要问题，Wikipedia 在 2008 年具体地将能源效率解释为输出能量的过程（单位为 W 或 J）与输入能量过程的百分比，低碳生产的能源效率要高于传统的工业生产过程。由于机器设备使用效率不高、操作使用不当等会形成过长的空闲、等待及排队时间，从而产生更多的浪费及废弃物，必须制定符合操作要求的最佳运行时间，提高机器设备利用效率，降低电能消耗，减少碳源排放，实现废弃物的最小化等。

Taha H. M 在 1997 年基于供电网络构建了线性规划模型，该模型以发电能耗总量为目标函数，通过优化网络中各个节点的供电量，降低碳排放强度。Mouzon 在 2007 年依据多目标数学规划理论，以完成时间和单位时间的能耗为自变量，以制造系统中机器设备能耗最小化为目标函数构建了模型。该模型对降低生产过程中的碳排放，实现低碳生产的进一步研究提供了参考。

我国专家、学者就铝业实施低碳生产的具体路径与方案设计问题进行了深入、广泛的研究。其中，刘建新于 2010 年指出“综合分析适合我国铝土矿特点，能够保证铝土矿资源有效利用，节能减排，提高产品的附加值，延伸产业链的生产方法是串联法生产工艺。”

廖新勤于 2011 年指出“鉴于我国铝土矿资源的实际情况，为了保持我国氧化铝工业的可持续发展，还不能完全停止采用联合法和烧结法，这就要下力气研究节能减排的工艺技术及措施。”

周蕾、张立民于 2011 年指出“‘十一五’期间，我国电解铝技术工艺水平有很大程度的提升，相继开发出的大型预焙槽的各项经济技术指标整体达到了国际先进水平。比如，采用了智能控制、模糊控制系统，自动加料，氧化铝超浓相输送，烟气干法净化，高效多功能操作机组。”

第二节 低碳生产方案的制定程序

低碳生产的具体实施方案既可以是一项节能、降耗、减排具体措施的单一方案，也可以是多项节能、降耗、减排措施的组合方案。但是，无论是单一方案，还是组合方案，方案的制定都要经过方案提出、初步筛选、可行性分析以及实施准备等相关的程序，如图 7-1 所示。

由图 7-1 可见，低碳生产模式的构建方案一般要经过环境效果评估、技术可行性评价以及经济效果评价三个阶段，具体内容如下：

（1）环境效果评估　根据节能、降耗、增效或减排的总要求，通过多种方式、多种渠道提出我国铝业低碳生产模式构建的初步方案。

首先，在全企业范围内宣传我国铝业低碳生产构建的重大意义，群策群力、鼓励全体员工提出构建低碳生产模式的具体方案以及合理化建议。

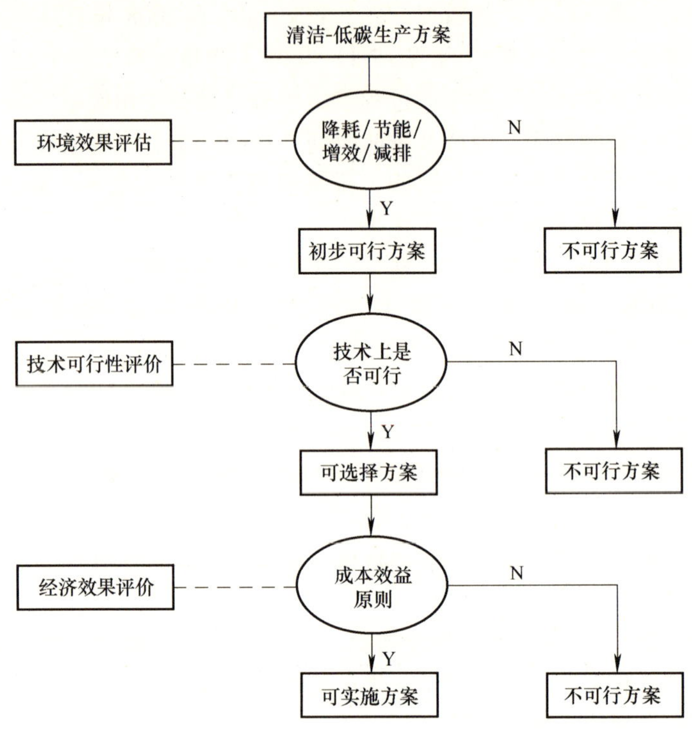

图 7-1　低碳生产方案制定程序示意图

其次，根据物料平衡测试、水平衡测试、污染物浓度及总量测试等不同的测试、分析方法，发现企业生产、经营全过程以及整个产品生命周期中存在的各种问题，有针对性地提出实施低碳生产的具体方案。

再次，在组织工程技术人员广泛收集国内外同行业的先进技术、生产工艺的前提下，结合本组织的实际情况，提出低碳生产方案。此种方式提出的方案可操作性较强，具有一定的前瞻性。

最后，组织专家技术咨询，对通过多种方式、多种渠道提出的低碳生产模式构建方案进行筛选，凡是具有节能、降耗、增效或减排等环境效果的方案即为初步可行方案，否则即为不可行方案。

（2）技术可行性评价　依据技术上可行与否进行技术可行性评价，确定是否列为可选择方案。

所谓技术可行性是指决策的技术和决策方案的技术不能突破组织所拥有的或有关人员所掌握的技术资源条件的边界。在进行技术可行性分析时，首先要关注我国铝业生产工艺流程所涉及的所有技术问题，包括工艺技术开发方法、开发原理、开发平台以及具体的铝土矿开采技术、氧化铝酸法或碱法生产技术、铝电解生产工艺技术、槽电压降低技术、异形槽生产工艺技术等；其次，应该全面、客观地分析所涉及的技术以及这些技术的成熟度和现实性问题，尽可能地选择已反复采用并证明是行之有效的成熟技术，其经过长时间、大范围的使用、补充和优化，精细程度、优化程度、可操作性、经济性等各个方面要比新技术好；此外，应注意慎重引入先进技术，并着眼于具体的开发环境和开发人员。

对于技术上可行，能够实现节能、降耗、增效、减排目标的生产方案即可确定为我国铝业低碳生产模式构建的可选择方案，否则即为不可行方案。

（3）经济效果评价　遵循综合成本效益最大化原则，确定可实施方案。

成本-收益分析，也称成本-效益分析，是借助于比较项目的综合成本和综合效益对项目价值进行综合评估的方法。通过线性生产模式、末端治理模式、清洁-低碳生产模式下的综合成本与综合收益的比较、分析，可以深刻理解构建我国铝业的清洁-低碳生产模式的重要意义。

成本-效益分析的概念最早由法国经济学家朱乐斯·帕帕特提出，在其19世纪出版的《社会的改良》中就对成本-效益分析的含义进行了描述；此后著名经济学家帕累托又对成本-效益分析这一概念进行了新的界定。美国著名经济学家卡尔德和希克斯于1939年加以提炼，强调“独立第三方的总收益应该高于此项交易的总成本，或者说从结果中获得的收益完全可以补偿所受到的损失”，这种非自愿的财富转移的具体结果就是卡尔德-希克斯效率，即卡尔德-希克斯准则，从而奠定了成本-效益分析的理论基础。

1939年美国在其制定的《洪水防治法案》中首次要求应用成本-收益分析；之后，1990年美国颁布的《清洁空气法案》修正案、1995年美国会颁布的《非资助性命令改革法案》、1996年美国的《饮用水安全法案》修正案等均要求环保局对新的管制措施进行成本收益分析，并要求环保部门选择的管制措施做到成本最低。反之，如果不能选择成本最低的措施，就需要对其做出合情、合理的解释。

尽管有一些法律被认为限制了政策制定者考虑成本-收益问题，但在绝大部分的法规制定过程中，明确要求对成本-收益问题进行权衡。然而，在现实中，成本-收益权衡的政策约束力对于规则制定机构而言是十分有限的，甚至还有人认为政府就没必要再在此分析上花费资源了。尽管如此，这种观点依然是错误的。

成本-收益分析的关键在于确定项目的全部成本和收益，然后对其进行价值评估，力求以最小的成本获取最大的收益。然而，项目的全部成本和收益并不仅仅是可以通过货币计量的财务成本和收益，诸如环境污染与生态破坏的损失或成本、对人体健康的危害、花园里鲜花的芳香给附近居民带来的舒适感、蜜蜂授粉给附近其他果园带来的收益以及先动优势的战略价值等并不能通过市场价格机制反映出来，因而具有非市场性。对于具有非市场性的成本和收益的确认、计量是一个特别有争议的领域，因而是成本-收益分析的难点。

我国铝业低碳生产模式下的综合成本包括企业内部成本和外部社会成本两大部分，前者是指在企业作为会计主体的空间范围内发生的全部支出，包括内部财务成本、内部环境成本、低碳生产战略实施成本、社会责任成本等；后者是指由于企业生产活动的负外部性造成、由社会采取措施而承担的成本，主要包括环境损耗成本（指环境污染本身导致的成本和支出，如烟雾受害者的支气管炎等疾病的治疗费或者因有害废水排入河流所造成的渔业损失等）、环境保护成本（指为了将自己和污染隔离开来而发生的费用，如为了防止噪声污染而发生的建设隔离装置材料的费用）。综合成本明细表见表7-1。

表7-1　综合成本明细表

项　目	符号	含　义	内　容
内部财务成本	C_c	指传统财务会计学中的成本概念，是指“企业为了获取某项资产或达到一定目的而发生的以货币测定的价值耗费”	主要包括原材料与燃料、动力、能源成本，人工成本及制造费用等
内部环境成本，也称微观环境财务成本	C_h	指企业承担的、直接影响企业净利润并与环境相关的支出	包括企业的环境预防和维护成本（指为预防环境污染以及进一步发展环境保护而支出的费用，如防止环境污染项目的研发费用、资本项目、园区绿化支出等）、企业的环境治理成本（指企业为治理被污染和破坏的环境而发生的各项支出，如废弃物管理支出、恢复场地、清理河道等发生的人力、物力支出）、因遵循环境法规而导致的成本（如罚款、排污费、由于污染和破坏生态环境应予以补偿的费用、因对其他组织和个人造成环境侵害而导致的诉讼费用和赔款）、与环境相关的其他支出（如环境审计费用）
低碳生产战略实施成本	C_z	指实施低碳生产战略而发生的各项成本	包括组织实施低碳生产而发生的教育培训费用、技术研发费用、采用低碳生产新工艺技术而发生的设备购置或改进成本、日常运行费用

我国铝业低碳生产的综合效益一般概括为经济效益、环境效益、战略效益、社会效益四个主要方面，见表7-2。

表7-2　综合效益明细表

项　目	符号	含　义	内　容
经济效益	R_c	指传统意义上的财务收益。一方面表现为我国铝业实施低碳生产而增加的财务收入；另一方面表现为我国铝业实施低碳生产而节约的成本费用	前者包括经营收入、政府补助收入的增加，减、免税等；后者主要包括实行实施清洁低碳生产而显著降低的物料消耗与能耗、员工成本的降低、管理费用的节约额、销售费用节约额以及停工损失的降低等可以用货币计量的效益

（续）

项　目	符号	含　义	内　容
环境效益	R_h	指我国铝业实施低碳生产，通过整体预防以及源头控制等减少了废弃物排放及环境损害所获得的收益	减排节约支出、降低能耗支出、节能补贴、环保补贴、税收优惠、低息贷款等
战略效益	R_z	指实施低碳生产的企业能够获得先动优势，带来学习曲线效应	企业核心竞争能力增强、市场占有率提高、对外合作扩大等
社会效益	R_s	指企业不仅要追求盈利和发展，还要承担一定的社会责任，要考虑到该项目对国家、社会带来的贡献与影响，即项目的外部影响	资源利用、能耗降低、技术扩散效果、出口创汇增加、职工安全、职工个人发展等

第三节　我国铝业低碳生产模式构建的具体方案

结合国内外学者的相关研究成果以及对我国铝业生产的物质流分析、生命周期评价以及碳排放计量等，构建我国铝业的低碳生产模式需要采取整体预防战略，按照生态原则组织铝业生产。具体而言，首先从改革铝业生产工艺、减少甚至消除废料开始做起，然后进一步降低物耗、提高能效，并做到科学管理与组织生产，使生产过程及产品与环境相容，将资源利用的开环过程变为闭环过程，直至调整铝业系统内部的结构关系，以谋求社会和自然的最佳协调状态，并将这种最佳状态加以保持。

因此，我国铝业低碳生产模式的构建方案可以从生产工艺技术、生产设备、原辅材料及能源消耗、生产过程控制、制度管理、员工管理、产品管理以及废弃物排放管理等不同的层面进行探讨。

一、生产工艺技术方案

生产工艺是指从原材料投入，经过生产加工，到制成产品的整个物质转化过程所历经的操作程序。其技术水平的高低直接影响能耗、物耗及废弃物产生量。采取工艺技术控制方案的主要内容如下：

1）简化生产工艺流程，减少操作工序。

2）保持生产过程的稳定性，易于连续操作，减少开、停车次数。

3）优化压力、流量、温度以及停留时间等工艺条件。

4）开发新技术、新工艺，从而提高企业的低碳生产能力。

例如，为进一步提高电解铝企业经济效益，国际上近年来正积极开发“高电流密度、低氧化铝浓度、低槽温、低电压、低分子比、低效应系数”的“一高五低”工艺技术，通过提高电解系列强度来提高原铝产量。一般而言，电流效率平均可达 90% ~92%，有的甚至超过 95%，这是因为降低电解温度对于提高电流效率和减少电解槽热量损失等方面具有积极意义。

以电解铝生产为例，可以列入工艺控制类的低碳生产方案见表 7-3。

表 7-3 电解铝生产工艺控制类低碳生产方案

编号	名 称	主 要 内 容	预 计 效 果
A01	降低电解铝损失的方案	为降低铝损失与提高电流效率，必须找出整个过程的最慢环节即所谓“律速阶段”或“控制阶段”，只有这样，才能“对症下药”	降低铝损失，提高电流效率
A02	改变加料与出铝方式的方案	采用自动点式下料槽的方式加料	防止阳极反应并提高电流效率
A03	提高临界电流密度的方案	影响控制临界电流密度的因素：①氧化铝浓度的影响；②阳极材质的影响；③阳极形状的影响；④温度的影响；⑤熔盐组成的影响	提高 $d_{临}$ 值，减少阳极效应
A04	优化阳极设计的方案	采用带有沟槽的炭阳极，此炭阳极的特点是：阳极横截面大，促进电解槽功率的增大；炭阳极开沟槽，有利于底部阳极反应产生的 CO_2 气体的排出，从而会降低电流效率	提高电流效率，降低炭阳极消耗
A05	降低电解温度的方案	采用低熔点的电解质，以降低电解温度	降低电解温度，提高电流效率
A06	均衡、平稳供料的方案	检查电解槽打壳、下料气缸	提高电流效率
A07	电解铝黏度适中的方案	黏度是表示液体中质点之间相对运动的阻力，也称内部摩擦力。通过控制温度和氧化铝浓度来保持黏度的适中	使氧化铝溶解速度保持匀速，提高电流效率
A08	铝液平静，铝氧化损失较低	保持铝液平静，减少铝的氧化损失	减少铝的二氧化损失
A09	提高阳极湿润性的方案	提高电解质对阳极的湿润性	提高阳极电流密度
A10	保持物料平衡的方案	采取下列三方面措施：①减少下料故障与事故的发生；②减少各种因素引起的下料控制异常；③确保物料量的合理，不出现物料不足或过足现象	减少阳极效应系数
A11	增强空气渗透性的方案	优质炭阳极空气渗透性保持在 0. 5 ~2. 0npm 之间	降低炭阳极消耗
A12	减少阳极副反应的方案	在阳极副反应中，铝和二氧化碳的反应是电解过程中降低电流效率的主要方式，因此，生产中应尽量控制这类不利反应的发生	提高电流效率
A13	引进新技术	加强团队研发力量，采用新技术提高电流效率	提高电流效率
A14	减少布达反应的方案	减少布达反应和掉渣而引起的过量消耗	提高阳极电流密度

二、生产设备管理方案

设备的选用取决于生产工艺技术本身。所以，在做好生产工艺技术控制的基础上，应进一步制定好生产设备管理方案。

例如，在铝电解中采用不停电开关槽工艺，即在由几十台甚至是数百台的电解槽串联而成的系列中，整个电解槽串联而成的系列无需停电即可完成电解槽的开停槽作业。这就要求降低短路口两端的电压（等于槽电压）、减小短路口通过的电流。为此，采用短路口分流技术路线，当前主要有中国铝业集团开发的不停电装置及河南郑州中实赛尔实业公司开发的赛尔开关，均实现了不停电开停槽作业，从而提高了电流效率，增加了产量，间接实现了节能降耗。

以电解铝生产为例，可以列入设备管理类的低碳生产方案见表7-4。

表7-4　电解铝生产设备管理类低碳生产方案

编号	名　称	主要内容	预计效果
B01	探索先进电解槽的方案	目前正在研发多室铝电解槽（氯化铝电解）、永久性阴极电解槽（硼化钛阴极）及不消耗阳极电解槽	降低能耗，控制污染，提高生产指标，降低投资和有效利用阳极副产品
B02	选择大功率预焙电解槽的方案	采用180～280 kA、300～350 kA大型大容量预焙阳极电解槽	①电流效率达到94%；②降低阳极效应发生的可能性及减少效应延续时间；③降低 CF_4、C_2F_4 等碳排放量，减少因处理效应而开槽处理时间；④提高电解槽废烟集气效率
B03	选择SY300型、SY400型预焙阳极电解槽的方案	在国内率先采用石墨化阴极，电流密度达到0.82 A/cm^2 以上，槽电流密度达到国际先进水平	提高阳极电流密度，达到节能降耗的目的
B04	改变电解槽结构的方案	①阴极槽体结构由无底槽发展成有底槽；②母线配置由简单的沿槽周走向发展到穿过槽底的复杂走向；③进电方式从一端进电发展到两端进电及多端进电；④改进电解槽—母线结构	可以延长电解槽的使用寿命；并且对生产技术指标的提高起到良好的作用
B05	建立槽膛内型的方案	重视槽膛内型，电流从阳极到阴极呈垂直线通过	提高电流效率
B06	控制槽电阻的方案	同步测量出槽电压和系列电流，计算出准电阻与设定的电解槽准电阻相比较，来控制和调节极距	实现控制和调节电压的目的，实现低压生产
B07	采用绝缘槽盖板方案	采用绝缘槽盖板、减少电流空耗	提高电流效率
B08	多开槽的方案	减少公用母线和停槽母线电压降的分摊值	提高电流效率
B09	设计合理保温结构的方案	设计合理的保温结构，减少电解槽热损失	提高电流效率

三、原、辅材料及能源消耗的控制方案

加强原材料、辅助材料的质量控制方案包括选择无毒、低毒、少污染的原、辅材料替代原有毒性较大的原、辅材料，开发原材料以及辅材料的二次利用方法，做好储运输环节的管理。

以电解铝生产为例，可以列入原、辅材料及能源消耗控制类的低碳生产方案见表7-5。

表7-5 电解铝生产原、辅材料及能源消耗控制类低碳生产方案

编号	名称	主要内容	预计效果
C01	提高原铝质量的方案	① 选用质量高的原材料 ② 生产操作中防止杂质进入铝内 ③ 保持比较低的电解温度，也能够提高铝的质量	实现高产和优质一致的效果，电流效率高的电解槽，其金属质量也往往是好的
C02	提高原材料质量的方案	①减少煤沥青中喹啉不溶物的含量；②残极的加入量一般控制在20%～25%；③控制稳定的焙烧温度分布；④减少焙烧炉壁整体的上下温差	提高原材料质量，降低炭阳极消耗
C03	提高氧化铝浓度的方案	提高氧化铝的浓度	提高电流效率
C04	调整铝电解质组成的方案	① 尽可能地降低摩尔比，并相应地降低电解质温度，将正常电解质控制到935～945℃ ② 摩尔比保持在2.3～2.5，保持较低的电解质过热度 ③ 选择氟化镁或氟化锂等添加剂	降低电解初晶点来提高电流效率
C05	改进电解质成分的方案	① 工业电解槽广泛采用边部下料方式，这种下料方式加料周期长，每次下料量较多 ② 广泛采用氟化钙、氟化镁及氟化锂等添加剂	电流效率有了明显提高，达到了88%～90%
C06	提高电解质电导率的方案	提高氧化铝浓度	电解质导电性越好，其电压降就越小，越有利于降低生产消耗
C07	提高铝水平和电解质水平的方案	目前，大型预焙槽的电解质水平在200～220mm为宜	使电解槽在较低温度下稳定运行，提高电流效率
C08	采用导电性能良好的阴极炭块的方案	选用导电性能良好的阴极炭块	降低阴极电压降，提高电流效率
C09	采用酸性电解质的方案	采用酸性电解质	提高电流效率
C10	采用添加剂的方案	添加剂对电解质的改善	提高电流效率

四、生产过程控制方案

过程控制包括工艺技术控制、日常运行控制、运行参数控制、日常检修控制等多个方面，涵盖了产品生产的全过程。

此外，物料循环再利用也是制定过程控制方案应予以考虑的内容，包括将废物、废热回收作为能量利用，将流失的原材料、流失的半成品、产品等回收并返回主流程使用，循环用水或一水多用等。

以电解铝生产为例，可以列入过程控制类的低碳生产方案见表 7-6。

表 7-6　电解铝生产过程控制类低碳生产方案

编号	名　称	主要内容	预计效果
D01	清洁炭渣的方案	打捞炭渣、洁净电解质	减少极间压降
D02	人机配合的方案	电解槽计算机控制	提高电解槽自平衡能力
D03	及时熄灭阳极效应的方案	效应熄灭及时，不出现过长时间效应和异常电压	提高电流效率
D04	缩短加料周期的方案	频繁地往电解质内添加适量的氧化铝可以提升电流效率	提高电流效率
D05	降低电压降的方案	提高电解槽和母线安装质量，降低连接处的电压降	提高电能效率
D06	杜绝直电流接地的方案	防止损坏计算机控制系统设备，造成电压等失控而导致高电压	提高电能效率

五、制度管理方案

企业可以从制度的制定、执行、监督检查等方面制定实现低碳生产管理方案。以电解铝生产为例，可以列入过程控制类的低碳生产方案见表 7-7。

表 7-7　电解铝生产过程控制类低碳生产方案

编号	低碳生产方案名称	低碳生产方案简介	预计效果
E01	建立专门环保设备设施维保制度方案	整合企业所有环保资源，进行专业化分工管理，制订岗位规程，落实专人负责，强化环保管理	提高对环境管理水平，改善工作环境
E02	坚持电解槽日评判制度	对电解槽运行情况全面分析，早发现、早预防	确保平稳正常生产
E03	电解槽后期管理	建立规整炉膛	提高电流效率
E04	巡视槽电压的方案	加强槽电压巡视，及时调整超出计算机控制范围的异常电压	提高电能效率
E05	建立正常生产秩序的方案	保证阳极、铸造、电力、原材料、设备检修等外部条件满足生产需要，不得因外部条件不具备而破坏电解槽的正常运行条件	提高电能效率

六、员工管理方案

企业可从人员配备、员工技能、工作热情、劳动强度、环保意识等方面提出低碳生产实施方案。

以电解铝生产为例，可以列入员工管理类的低碳生产方案见表7-8。

表7-8 电解铝生产员工管理类低碳生产方案

编号	名称	主要内容	方案效果
F01	建立低碳生产管理机制的方案	①建立低碳生产日常管理工作，并对采纳建议设置各种奖励，激发员工的创新建议；②加强员工培训，增强低碳生产意识，制定、采用低碳生产激励方案；③开展岗位培训（操作技能、设备日常保养、管理制度、技术工艺等）；④推行6S管理制度，提高综合管理水平；⑤加强员工培训，增强清洁生产意识，制定清洁生产激励措施	提高低碳生产管理水平
F02	控制电解过程细节的方案	①炭渣的清洁；②人机配合；③阳极效应及时熄灭；④加料周期的缩短；⑤电压降的降低；⑥直电流杜绝接地	提高电流效率

七、产品管理方案

企业从完工产成品的验收、入库、日常管理以及储运过程的管理等方面进行分析，提出实施低碳生产的有关方案。

以电解铝生产为例，可以列入产品管理类的低碳生产方案见表7-9。

表7-9 电解铝生产产品管理类低碳生产方案

编号	名称	主要内容	预期效果
G01	提高原铝质量的方案	①选用高品位的原料；②在生产操作上注意防止杂质进入铝内；③保持比较低的电解温度，也能够提高铝的质量；④减少煤沥青中喹啉不溶物的含量；⑤控制稳定的焙烧温度分布；⑥残极的加入量一般控制在20%～25%；⑦减少焙烧炉壁整体的上下温差	实现高产和优质一致的效果，电流效率高的电解槽，其金属质量也往往是好的
G02	改进电解质成分与水平的方案	①工业电解槽广泛采用边部下料方式，这种下料方式加料周期长，每次下料量较多；②广泛采用氟化钙、氟化镁及氟化锂等添加剂；③尽可能地降低摩尔比，并相应地降低电解质温度，将正常电解质控制在935～945℃；④大型预焙槽的电解质水平在200～220mm为宜	电流效率有了明显提高，达到了88%～90%

八、废弃物排放方案

通过分析我国铝业生产过程中产生的废弃物处理思路与措施，例如，对生产用水采取循环利用、二次利用措施，无废水排放；对噪声源进行了消声减噪措施，有效控制对车间外环境的影响；对电解槽大修渣按《危险废物填埋污染控制标准》建设专用处置场等，提出低碳生产方案，以减轻环境污染。

以电解铝生产为例，可以列入废弃物排放类的低碳生产方案见表 7-10。

表 7-10　电解铝生产废弃物排放类低碳生产方案

编号	名　称	主要内容	预计效果
H01	采用先进的袋式除尘器净化技术	工业粉尘采用先进的袋式除尘器净化技术	粉尘排放浓度低于 50 mg/m³
H02	采用氧化铝吸附氟化氢干法净化措施的方案	电解槽烟气采用氧化铝吸附氟化氢干法净化措施	氟化物排放浓度可控制到 2 mg/t Al 以下，颗粒物粉尘排放浓度控制在 10 mg/m³ 以下
H03	采用干法或湿法净化措施的方案	阳极焙烧炉烟气采用干法或湿法净化措施	氟化氢排放浓度一般低于国家排放标准 6 mg/m³，沥青烟排放浓度低于国家排放标准 40 mg/m³
H04	渣场存放的方案	电解槽的大修场，必须采用渣场外围构筑导流截洪沟措施，对渣场底部进行整平，用黏土铺垫多层夯实，采用人工防渗材料铺垫，达到防渗要求，当到服务年限后，用土覆盖，同时设防渗层，覆盖后进行植树绿化	实现良好的固废处置效果
H05	控制排水量的方案	控制排水量，提高工艺流程的循环水利用率	循环水利用达到 90% 以上

第四节　我国铝业低碳生产方案的设计思路

我国铝业低碳生产模式的构建方案可以从多个层面、多个角度进行设计，本文主要论述低碳生产作业模型的开发思路。

在低碳生产的作业模型开发中，以降低生产过程中的碳含量为目标函数，以产生碳排放的全部机器、设备作为约束条件。为了及时满足客户需求，在生产顾客所需产品的过程中，应当尽量避免机器、设备闲置并减少停工、停机时间。从低碳生产的视角看，就是要做到碳排放最小化。由于在现代工业系统中几乎所有的机器设备均以电能为主要能源，碳排放最小化目标又表现为能源消耗最低、能源效率最高。

低碳生产作业模型可以在基本业务以及供应链两个层面开发、构建。首先论述在基本业务层面如何建立线性规划理论模型。

在基本业务层面作业模型的构建是确定在 j 机器上生产 i 产品的最佳时间（X_{ij}），从而实现产品制造过程中的能耗最小化。公式如下：

$$\mathrm{Min}(f = \sum_{i=1}^{n} \sum_{j=1}^{\phi} En_{ij} X_{ij})$$

$$\text{Subject to} \quad \sum_{i=1}^{N} S_{ij} X_{ij} \geqslant P_j$$

$$\sum_{i=1}^{N} \sum_{j=1}^{\phi} C_{ij} X_{ij} \leqslant E$$

$$\sum_{i=1}^{N} \sum_{j=1}^{\phi} \delta_{ij} X_{ij} \leqslant L$$

$$X_{ij} \geqslant 0;\ i \in B;\ j \in A$$

式中 A——系统中机器、设备数量（1，2，…，ϕ；ϕ 代表机器、设备的最大量）；

B——生产产品的数量（1，2，…，N；N 产品最大的品种数）；

En_{ij}——在 j 设备生产或加工 i 产品所需耗用能源系数；

δ_{ij}——在 j 设备生产或加工 i 产品所需耗用润滑油系数；

C_{ij}——在 j 设备生产或加工 i 产品所需耗用的电力系数；

S_{ij}——在 j 设备生产或加工 i 产品所需要的时间；

P_j——j 设备需要完工的产品数量；

L——一定时期内机器、设备的润滑油耗用量；

E——一定时期内从事特定产品生产或服务耗用的电力。

以某机器、设备系统为例说明基本业务层面的低碳生产模型构建情况。该系统包括五台机器：车床、铣床、磨床、检验机以及包装机。每台机器都包括电动机和油箱这两个基本设备，从而保证设备正常运转。

该系统的运行时间是上午 8 时至晚 10 时，生产加工齿轮、轴承两种产品。其中，齿轮的加工过程包括车、铣、磨、检查、包装等环节，而轴承的加工工序包括磨、车、铣、检查、包装等。两类产品的加工时间以及能源消耗比率分别见表 7-11、表 7-12。

表 7-11 各种机器设备的加工时间 （单位：h）

产 品	车床加工时间	铣床加工时间	磨床加工时间	检 验 时 间	包 装 时 间
齿轮	15	15	15	15	15
轴承	15	15	15	15	15
总计	30	30	30	30	30

表 7-12 各种机器设备的能源消耗比率

产 品	车床电耗	油泵 1 油耗	铣床电耗	油泵 2 油耗	磨床电耗	油泵 3 油耗	检验机电耗	油泵 4 油耗	包装机电耗	油泵 5 油耗
齿轮	1	1	1	1	1	1	1	1	1	1
轴承	3	2	3	2	3	2	3	2	3	2
总计	4	4	4	4	4	4	4	4	4	4

需要说明的是，在停机或闲置等状态下，即机器、设备等不工作的时间也同样需要消耗能源，包括耗电 90kW · h、耗油 65 L。如果发动机和油泵的电耗、油耗量超过了上述限额，所有的发动机和油泵将停机 5 h，上述两个变量取值将重新设置为零。

接下来的步骤是应用矩阵实验室（MATLAB）程序中的优化功能确定最优值。在本例中，最优值可能是关闭每台设备的最佳时间，进而确定该设备的下一个班次。

因此，在相同条件下构建两个系统，模拟、观察上述模型中的生产能耗情况，其相关的系统配置情况如图 7-2 所示。

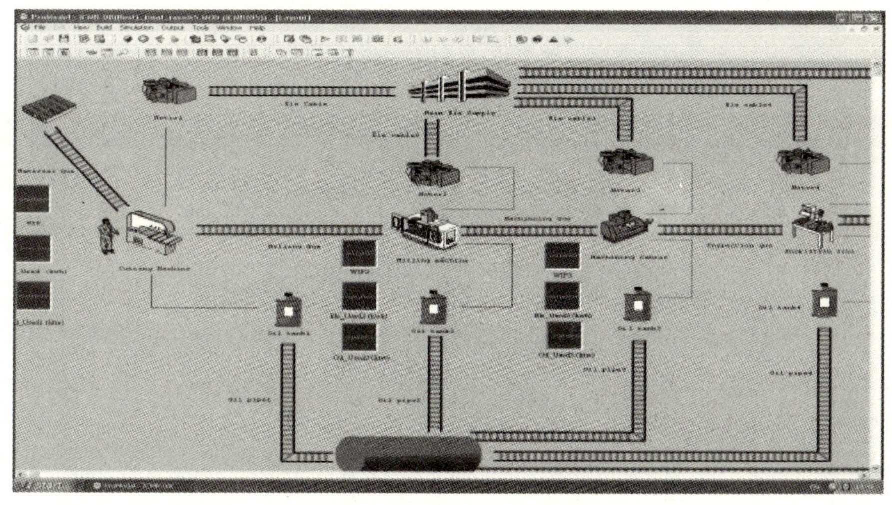

图 7-2 配置的系统模拟模型

假定系统 Ⅰ 按以前的通常状况运行；系统 Ⅱ 按照基本层面的线性规划模型运行，其转换操作时间表见表 7-13。

表 7-13 设备转换操作时间表

设 备	时 间
车床，铣床，磨床，检验机，油泵 1、2、3、4	下午 16：30
包装机和油泵 5	下午 13：00

假定两个系统在上午 8 时至下午 13 时的时间段内以稳定状态运行，并得到相关结果，两个系统的运行条件完全相同，包括在企业内部的到达时间和操作步骤。在应用上述线性规划模型模拟后，两个系统的对比情况如图 7-3、图 7-4 所示。其中，系统Ⅱ对停机时间或故障时间忽略不计。

General Report (Normal Run - Rep. 1)

General | Locations | Location States Multi | Location States Single | Failed Arrivals | Entity Activity | Entity States

ICMR-08(16).MOD (Normal Run - Rep. 1)

Name	Scheduled Time (HR)	% Operation	% Setup	% Idle	% Waiting	% Blocked	% Down
Cutting Machine	17.04	16.14	0.00	56.86	27.00	0.00	0.00
Motor1	15.00	0.00	0.00	20.02	60.03	0.00	19.95
Packaging	15.00	15.00	0.00	84.59	0.41	0.00	0.00
Oil tank1	15.00	0.00	0.00	23.34	56.73	0.00	19.93
Milling machine	15.00	18.33	0.00	81.03	0.64	0.00	0.00
Motor2	15.00	0.00	0.00	18.19	63.63	0.00	18.18
Oil tank2	15.00	0.00	0.00	18.18	63.67	0.00	18.15
Machining Center	17.04	13.21	0.00	39.28	47.51	0.00	0.00
Oil tank3	17.04	0.00	0.00	0.10	70.55	0.00	29.35
Motor3	15.00	0.00	0.00	9.74	80.57	0.00	9.69
Inspection zone	15.00	15.00	0.00	84.57	0.43	0.00	0.00
Motor4	17.04	0.00	0.00	0.11	99.89	0.00	0.00
Oil tank4	17.04	0.00	0.00	0.17	70.48	0.00	29.35
Motor5	17.04	0.00	0.00	0.19	99.81	0.00	0.00
Oil tank5	17.04	0.00	0.00	0.27	70.38	0.00	29.35

图 7-3　系统 I 的状态

General Report (Normal Run - Rep. 1)

General | Locations | Location States Multi | Location States Single | Failed Arrivals | Entity Activity | Entity States

ICMR-08(Best)_final_result4.MOD (Normal Run - Rep. 1)

Name	Scheduled Time (HR)	% Operation	% Setup	% Idle	% Waiting	% Blocked	% Down
Cutting Machine	15.00	25.00	0.00	57.70	17.30	0.00	0.00
Motor1	16.14	0.00	0.00	0.06	99.94	0.00	0.00
Packaging	17.14	14.58	0.00	27.91	45.57	11.94	0.00
Oil tank1	16.14	0.00	0.00	3.17	96.83	0.00	0.00
Milling machine	17.14	14.58	0.00	61.17	24.25	0.00	0.00
Motor2	14.08	0.00	0.00	0.01	99.99	0.00	0.00
Oil tank2	16.14	0.00	0.00	0.03	99.97	0.00	0.00
Machining Center	15.00	20.00	0.00	69.19	10.81	0.00	0.00
Oil tank3	16.14	0.00	0.00	0.11	99.89	0.00	0.00
Motor3	16.14	0.00	0.00	0.05	99.95	0.00	0.00
Inspection zone	15.00	16.67	0.00	82.85	0.48	0.00	0.00
Motor4	17.14	0.00	0.00	0.11	99.89	0.00	0.00
Oil tank4	16.14	0.00	0.00	0.18	99.82	0.00	0.00
Motor5	13.14	0.00	0.00	0.26	99.74	0.00	0.00
Oil tank5	13.14	0.00	0.00	0.34	99.66	0.00	0.00

图 7-4　系统Ⅱ的状态

在系统 I 中，在设备的一次转换操作之后就处于停工状态，该转换操作结束之前不能再次运行，从而造成了不必要的能源浪费以及碳排放。两个系统中的电机状况如图 7-5 所示。

根据政府间气候变化专门委员会规定的方法，所消耗的能量首先转化为热量，然后乘以碳排放因子，从而得到碳排放量数据。假定每一台电机在停机以及闲置时间内的能耗为0.067 kW·h/min，每一台油泵在停机以及闲置时间内的能耗为0.067 L/min。上述结果是假定每一项设备的功率均为1，除以15 min，即1/15 =0.067。

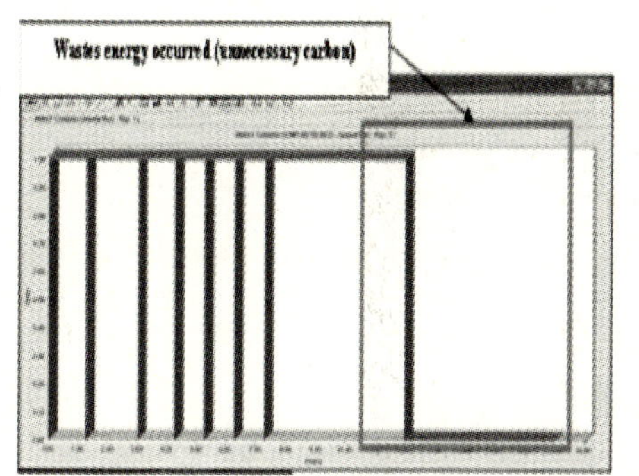

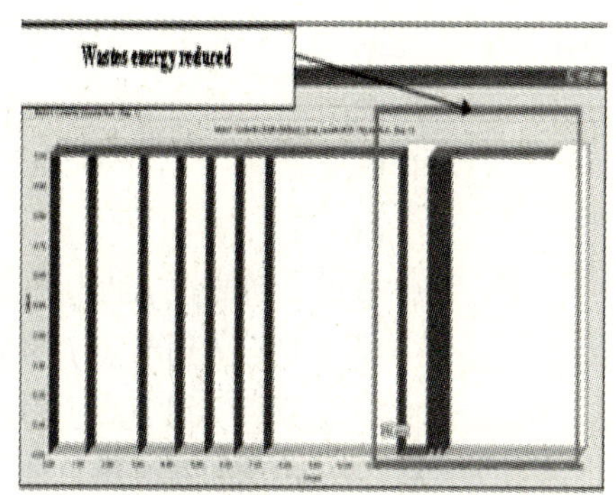

图7-5 发动机1系统Ⅰ（左）、Ⅱ（右）中的电机状况

两个系统碳排放计算情况见表7-14。

表7-14 两个系统碳排放计算情况

设备	系统Ⅰ CO_2 排放量（碳排放量 10^3）	系统Ⅱ CO_2 排放量（碳排放量 10^3）
电机1	1 896.385	3.047
电机2	1 722.580	0.436
电机3	921.947	2.614
电机4	6.314	6.316
电机5	10.032	10.672
油泵1	29 559.596	2 327.404
油泵2	24 822.666	21.998
油泵3	22 864.204	81.893
油泵4	22 909.942	131.987
油泵5	23 000.989	182.081

在供应链层面，将以供电网络为基础构建的线性规划模型作为参考，它以从发电厂到直接用电户组成的庞大供电网络的总能耗为目标函数，通过优化网络中各个节点的供电量，实现整个供电网络的总能耗最低，从而降低碳排放强度，实现供电网络碳排放量的最小化。

基于供应网络构建数学模型如下：

$$\mathrm{Min}\left(f = \sum_{(i,j)\in\Omega} En_{ij}X_{ij}\right)$$

$$\text{Subject to} \quad \sum_{k(j,k)\in\Omega} X_{jk} - \sum_{i(i,j)\in\Omega} X_{ij} = f_j \qquad \forall j \in Z$$

$$C_{ij;\min} \leqslant X_{ij} \leqslant C_{ij;\max} \qquad \forall i,\ j \in \Omega$$

$$X_{ij} \geqslant 0 \qquad \forall i,\ j \in \Omega$$

式中 X_{ij}——节点 i 到节点 j 的电流；

Z——网络中的各个节点，如 A、B、C、D、E 等；

Ω——网络路径，如（A，B），（A，C），（C，B），（C，D），（B，D），（B，E）等；

En_{ij}——节点 i 到节点 j 的电流系数；

$C_{ij;\max}$——路径节点 i 到节点 j 的最大电流量；

$C_{ij;\min}$——路径节点 i 到节点 j 的最小电流量；

f_j——节点 j 的总电流量。

除以上应用线性规划理论构建作业模型外，还有相对产量较高，同时资源、能源耗费降低的小型化及微型制造系统。该系统能源消耗更低、产生热量更少，减少了不必要的碳排放，是实现低碳生产的重要途径。

基于资源、能源消耗以及废弃物、温室气体排放等不仅发生在生产领域，而且也发生在交通运输环节，受到高度重视的还有“转移制造”方法。该方法集合了网络系统、大规模定制及适时生产三个要素，使客户在最近的位置可以得到其产品，从而形成运输距离最短、供应链的环节最少、温室气体排放量最低的制造系统。在我国铝业生产系统中，不仅有大量的机器设备，而且有大量的运输任务，“转移制造”方法有着更广泛的应用价值。

在本文中，低碳生产的特征和实施已在从上游（产品的需求）到下游（产品完工）的过程链中具体体现出来。模拟实验的结果表明，在基本操作层面的模型中能量消耗和碳排放得到降低。空闲时间和停机时间被视为不必要浪费的主要因素，可以通过数学模型对能源限制以降低不必要的浪费。然而，作业系统模式可以通过考虑排队系统得到进一步完善。此外，小型、微型制造以及转移制造方法应进一步通过数据进行评估、模型验证与推广，从而更大程度地减少二氧化碳排放。

第八章 低碳生产模式的综合评价

完整的综合评价体系由评价主体、评价客体、评价原则、评价内容、评价指标、评价方法等构成。限于篇幅，本章主要结合我国铝业低碳生产状况论述评价指标体系以及评价方法两个核心问题。

第一节 研究文献综述

在过去的十多年间，工业企业低碳生产模式下的综合评价问题已日益引起政府、企业、学术界以及社会公众的广泛关注。Zwetsloot 和 Ashford 考察了 42 个国家的 61 个生产企业，发现技术创新能力对企业的节能生产方式具有支撑效应，是低碳生产综合评价的指标之一。但 Baldwin 和 Lin 认为，当 R&D 研发投入强度达到一定水平后，企业对清洁生产的技术投入水平才会高于其他末端治理等低端技术的投入，其评价指标权重的处理应更加客观科学。

Luken 等人研究了 8 个发展中国家的造纸、纺织和皮毛 3 个行业的 98 家企业，认为市场特征对发展中国家企业的清洁与节能生产行为的影响更大，因此，市场特征是低碳生产综合评价更为重要的评价内容。但 Sarumpaet 对印度尼西亚企业的研究发现，即使产品出口到发达国家，产品出口与其是否采用环保生产手段也不显著相关，产品出口对清洁-低碳生产影响较小，应剔除其评价权数比重。

De Groot 等人对荷兰 135 家不同规模企业的研究发现，大型跨国企业节能生产的意愿相对较高，他认为企业的生产规模也是低碳生产综合评价的影响因素。Egri、Herman、Fryxell 和 Lo 研究了中国企业，认为管理者年龄和学历影响了管理层的环境价值观。管理者并不一定是企业资产的所有者，与股东的环保意识也不尽相同，管理层决策与低碳生产有正相关关系，同样构成低碳生产的重要综合评价指标。

在政府政策方面，Baldwin 和 Lin 对加拿大本土企业的研究发现，该国企业环保生产技术信息的收集能力受其股权结构的影响，并对企业的低碳生产意愿产生一定的影响。政府管制等对企业的节能减排意愿产生影响。政府政策与资金、技术的支持以及与企业间的良好合作是企业采取低碳生产行为的重要支撑。由于政府的资助，在日本 1998 年就有超过 500 家企业通过 ISO14000 认证，而在没有政府资助的美国同年只有 90 家通过认证。Babakri 等人研究发现，通过 ISO14000 认证的美国企业往往具有采纳循环生产的意愿和行为。因此，政府政策构成了铝工业企业低碳生产综合评价指标。

我国学者者宋世伟、薛纪渝 1999 年认为清洁生产技术方案的综合评价对于指导企业实施清洁生产有重要意义。罗丽娟于 2003 年也指出，对实行低碳生产技术的企业必须建立低碳生产评价指标体系，科学地界定低碳生产技术、工艺及低碳生产企业，有效实施低碳生产奖励条款，从企业内、外部两个方面提供激励，使企业积极主动地投入到低碳生产工作中来。

关于工业企业低碳生产的评价指标体系的构建问题，宋世伟、薛纪渝于 1999 年指出，在评价过程中，如果只是定性地描述方案之优劣，而没有定量的表述，就难以给出科学、客观的评价。因此，在评价过程中如何把定性概念转化为定量指标并能够用于定量判断就成为评价技术的关键，同时，评价方法应能将定性指标与定量指标统一起来，最终给出明确的定量结论，使评价结果具有科学性和客观性。王灵梅、张金屯、倪维斗于 2005 年指出，工业企业低碳生产的评价指标体系的构建涉及有关技术、经济、环境等诸多方面的因素，而且具有随机性、模糊性、多属性、多层次的特征。它包括生产工艺与装备、资源能源利用、产品、污染物产生（末端处理前）、废物回收利用、环境管理和经济效益，甚至诸多子指标等定性或定量指标利用一套科学的方法，将一系列指标有机地结合在一起，是目前理论与实务界探讨的热点问题之一。

关于工业企业低碳生产评价的方法，陆长青、曾辉于 1999 年指出，应采用综合评价指数法和平均评价指数法。其中，综合评价指数法是对指标的原始数据进行“标准化处理”，采用包括单项评价指数、类别评价指数和综合评价指数的指数方法，使评价指标转化成同一尺度上可以相互比较的量；平均评价指数法是指工业企业生产运营过程中实际达到的技术经济统计数据与低碳生产评估指标明细表所列各评估指标项目的平均先进指标的指数和与全部评估项目之比的百分数，通常采用的方法有层次分析法（AHP）、模糊综合评价法（Fuzzy）、层次-模糊综合评价法（AHP-Fuzzy）、D-S 证据理论以及 BP 网络理论。

针对清洁生产判断评价工作中所存在的问题，陆长青、曾辉 1999 年以清洁生产定义及其内涵为基点，建立了一套完整的判断清洁生产定量评价体系，即首次提出了该评价体系的评价原则等内容，对清洁生产进行直观、准确的定量判断。宋世伟、薛纪渝 1999 年改进了评价结论受主观因素影响较大的问题，克服了标准不足和企业收集到的参数与评价标准之间存在差距等因素，运用系统工程方法和模糊数学方法提出了清洁生产技术综合评价的理论方法。

王铮、苗立永、马强 2006 年通过对煤矿企业低碳生产的全面研究，按照低碳生产评价的一般原则，提出了一套煤矿企业低碳生产评价指标体系。采用层次分析法确定各指标的权重，运用模糊综合评判法评价，从而建立起一套完整的煤矿企业清洁生产评价指标体系，为煤矿环境影响评价中的清洁生产分析提供了一套可供参考的技术方法。

罗丽娟 2009 年针对在清洁生产评价时，综合考虑了清洁生产评价等级的客观概率和专家意见的主观概率，将模糊数学和统计分析原理引入到清洁生产评价中来，探讨了清洁生产的综合评价模型，并将其应用到企业清洁生产水平评价中，获得了对企业的清洁生产水平较为客观的评价结论。

关于我国铝业低碳生产的综合评价问题，国家发展和改革委员会颁布了《铝行业清洁生产评价指标体系（试行)》，为开展我国铝业低碳生产的综合评价提供了法律依据。

第二节　我国铝业低碳生产的综合评价指标体系

我国铝业低碳生产的综合评价指标体系应体现铝业低碳生产的具体内容，并反映其“低消耗、低能耗、低排放、高产出、高效益”的基本特点以及“降耗”“节能”“减排”“增效”的总目标。

鉴于铝土矿开采、氧化铝生产、铝用炭素材料生产、铝电解以及铝加工等各个生产工序相对独立，我国铝业低碳生产的综合评价指标体系可以分阶段构建。限于篇幅，本节主要论述氧化铝以及电解铝生产系统的评价指标体系。

一、我国氧化铝低碳生产的综合评价指标体系

我国氧化铝生产方法分为拜尔法、烧结法与联合法，参照我国《铝行业清洁生产评价指标体系（试行)》，并结合我国氧化铝低碳生产的特点，我国铝业低碳生产的评价指标体系由定量评价与定性评价构成，二者又细分为一级指标和二级指标。前者是指具有普适性、概括性的指标，后者为反映氧化铝低碳生产各方面具有代表性的、内容具体、易于评价考核的指标，包括以下具体内容：

1. 一级指标

一级指标包括财务指标、能源指标、资源指标、生产技术指标、综合利用指标、污染物指标、温室气体排放指标等定量指标；执行国家行业重点鼓励发展工艺、落后生产能力工艺设备和产品、环境管理体系及 CP 审核、执行环境保护、执行劳动安全、执行职业卫生、低碳理念指标等定性指标。

2. 二级指标

一级能源指标包括综合能耗（kgce/t. Al_2O_3）、工艺能耗（kgce/t. Al_2O_3）、新蒸汽消耗（t/t. Al_2O_3）、电耗（kW · h/t. Al_2O_3）、焙烧工序能耗（kgce/t. Al_2O_3）等二级指标。

一级资源指标包括氧化铝总回收率（%）、碱消耗（kg/t. Al_2O_3）、石灰石消耗（kg/t. Al_2O_3）、新水消耗（m^3/t. Al_2O_3）以及企业工业水重复利用率（%）等二级指标。

一级生产技术指标包括溶出装置运转率、氧化铝相对溶出率（%）（氧化铝净溶出率）、外排赤泥附碱含量（kg/t. 干赤泥）、分解产出率（%）、成品氢氧化铝含水率、蒸发汽水比、循环效率、循环母液碱与全碱之比、产品质量、氧化铝一级品率以及氧化铝物理性能等二级指标。

一级综合利用指标包括蒸发结晶碱利用率（%）、赤泥附液利用率（%）、二次蒸汽利用率（%）、新蒸汽冷凝水利用率（%）等二级指标。

一级污染物指标包括外排生产废水量（m^3/t. Al_2O_3）、SO_2 排放量（kg/t. Al_2O_3）、烟（粉）尘排放量（kg/t. Al_2O_3）以及赤泥排放量（t/t. Al_2O_3）等二级指标。

执行国家行业重点鼓励发展工艺（一级指标）包括铝土矿预均化工艺、一段或二段磨配水旋器分级磨矿工艺、管道化预热及全过程间接加热溶出工艺、平底深锥高效沉降槽、立式叶滤机或大型单筒卧式叶滤机、赤泥干法输送及堆存、一段或二段砂状氧化铝分解技术、平底机械搅拌分解槽、立盘种子过滤机、平底或水平带式成品过滤机、5～6 效降膜蒸发技术、强制循环结晶器排盐技术、流态化焙烧技术、满足氧化铝年生产规模以及镓回收或多品种氧化铝等二级指标。

一级指标落后生产能力工艺设备和产品包括新蒸汽直接加热溶出工艺、普通锥形单层或多层沉降槽、双筒叶滤机、压缩空气搅拌种分槽、氢氧化铝回转窑焙烧工艺以及 3～4 效外热式蒸发工艺等二级指标。

一级指标环境管理体系及 CP 审核包括建立环境管理体系并通过认证以及开展清洁生产审核等二级指标。

一级指标执行环境保护包括建设项目环保“三同时”执行情况、建设项目环保影响评价制度执行情况、老污染源限期治理项目完成情况以及污染物排放总量控制情况等二级指标。

一级指标执行劳动安全包括建设项目劳动安全“三同时”执行情况、建设项目安全预评价制度执行情况等二级指标。

一级指标执行职业卫生包括建设项目职业卫生“三同时”执行情况、建设项目职业病危害预评价制度执行情况等二级指标。

一级指标财务指标包括负债与所有者权益比率（%）、利息保障倍数、资产负债率（%）、速动比率（%）、总资产周转率（%）、存货周转率（%）、应收账款周转率（%）、净利润增长率（%）、净现值率（%）、投资利润率（%）、企业内含报酬率 IRR（%）等二级指标。

一级指标低碳理念指标包括员工对环境的满意率、低碳教育的普及率、低碳理念员工熟悉度以及开展低碳生产审核等二级指标。

二、我国电解铝低碳生产的综合评价指标体系

我国电解铝低碳生产的评价指标体系也由定量评价与定性评价构成，也可细分分为一级指标和二级指标，具体内容如下：

1. 一级指标

一级指标包括财务指标、能源指标、资源指标、生产技术指标、综合利用指标、污染物指标、温室气体排放指标等定量指标；执行国家行业重点鼓励发展工艺，落后生产能力、工艺设备和产品，环境管理体系及 CP 审核，执行环境保护法规，执行劳动安全法、执行职业卫生法规、低碳理念指标等定性指标。

2. 二级指标

一级能源指标包括原铝直流电耗（kW·h/t. Al）、铝锭综合交流电耗（kW·h/t. Al）以及电流效率 η 等二级指标。

一级资源指标包括氧化铝单耗（kg/t. Al）、炭阳极（净耗）单耗（kg/t. Al）、炭阳极（毛耗）单耗（kg/t. Al）、氟化盐单耗（kg/t. Al）、企业新水单耗（m^3/t. Al）、企业新水用量（m^3/t. Al）以及企业工业水重复利用率（%）等二级指标。

一级生产技术指标包括铝锭质量合格率（%）、电解槽平均电压（V）以及阳极效应系数等二级指标。

一级综合利用指标包括电解槽集气效率（%）、干法净化系统氟净化效率（%）、干法净化系统粉尘净化效率（%）等二级指标。

一级污染物指标包括外排生产废水量（m^3/t. Al）、SO_2 排放量（kg/t. Al）、粉尘排放量（kg/t. Al）以及氟化物（以氟计）排放量（kg/t. Al）等二级指标。

一级执行国家行业重点鼓励发展工艺设备和产品指标包括 280kA 及以上大型预焙阳极电解槽、氧化铝输送采用浓相或超浓相技术、计算机自动控制氧化铝浓度加料技术、电解槽阴极使用半石墨化或石墨化碳块、全厂性污水处理（二次）及回用等二级指标。

一级国家要求淘汰的落后生产能力、工艺设备和产品指标包括自焙阳极电解槽等二级指标。

一级环境管理体系及 CP 审核指标包括建立环境管理体系并通过认证、开展清洁生产审核等二级指标。

一级执行环境保护法规指标包括建设项目环保“三同时”执行情况、建设项目环境影响评价制度执行情况、老污染源限期治理项目完成情况以及污染物排放总量控制情况等二级指标。

一级执行劳动安全法规指标包括建设项目劳动安全“三同时”执行情况、建设项目安全预评价制度执行情况等二级指标。

一级执行职业卫生法规指标包括建设项目职业卫生“三同时”执行情况、建设项目职业病危害预评价制度执行情况等二级指标。

一级指标财务指标包括负债与所有者权益比率（%）、利息保障倍数、资产负债率（%）、速动比率（%）、总资产周转率（%）、存货周转率（%）、应收账款周转率（%）、净利润增长率（%）、净现值率（%）、投资利润率（%）、企业内含报酬率 IRR（%）等二级指标。

一级指标低碳理念指标包括员工对环境的满意率、低碳教育的普及率、低碳理念员工熟悉度以及开展低碳生产审核等二级指标。

三、我国铝业低碳生产的综合考评方法

（一）定量评价指标的评价指数计算

铝工业企业生产系统低碳生产定量评价指标的考核评分，以企业各生产系统在考核年度各项二级指标实际达到的数值为基础，首先计算二级指标的单项评价指数。简化起见，以 S_{xi} 表示第 i 项二级评价指标的实际值，以 S_{oi} 表示第 i 项二级评价指标的评价基准值，S_i 表示第 i 项二级评价指标的单项评价指数，从二级评价指标 S_i 的数值情况看，可分为以下四类情况：

1）该指标的数值 S_i 越低或越小，越符合低碳生产的要求，如能耗、物耗、水耗、污染物排放量等指标，其计算公式为：

$$S_i = S_{oi}/S_{xi}$$

2）该指标的数值 S_i 越高或越大，越符合低碳生产的要求，如能源回收量及其利用率、工业水重复利用率、固体废物利用率、产品合格率等指标，其计算公式为：

$$S_i = S_{xi}/S_{oi}$$

3）电解铝电耗指标，该指标的数值越小越符合低碳生产的要求，对直流电耗和综合交流电耗指标：

当 $S_{xi} < S_{oi}$ 时，其计算公式为：

$$S_i = S_{xi}/S_{oi}$$

当 $S_{xi} - S_{oi} > 100$ 时，其计算公式为：

$$S_i = \frac{100}{S_{xi} - S_{oi}}$$

当 $S_{xi} - S_{oi} \leqslant 100$ 时，其计算公式为：

$$S_i = S_{oi}/S_{xi}$$

4）氧化铝生产企业外排废水量，其评价基准数为零，对氧化铝系统生产废水排放指标。则

当 $S_{xi} = 0$ 时，$S_i = 1$

当 $S_{xi}>1$ 时，其计算公式为：

$$S_i=\frac{1}{2\times S_{xi}}$$

当 $S_{xi}<1$ 时，其计算公式为：

$$S_i=\frac{2-S_{xi}}{2}$$

各二级指标的单项评价指数的正常值一般在1.0左右，但当其实际数值远小于（或远大于）评价基准值时，计算得出的 S_i 结果就会偏离实际，对其他评价指标的单项评价指数产生较大干扰。为了消除这种不合理影响，应对此进行修正处理。修正的方法是：当 $S_i>k/m$ 时（其中 k 为该类一级指标的权重分值，m 为该类一级指标中实际参与考核的二级指标的项目数），取该 S_i 值为 k/m。

依据各二级评价指标的单项评价指数和该指标的权重分值，综合计算得出该企业各生产系统定量评价指标的考核总分值，计算公式为：

$$P_1=\sum_{i=1}^{n}(S_i\times k_i)$$

式中　P_1——定量评价考核总分值；

n——参与定量评价考核的二级指标项目总数；

S_i——第 i 项评价指标的单项评价指数；

k_i——第 i 项评价指标的权重分值。

若某项一级指标中实际参与定量评价考核的二级指标项目数少于该一级指标所含全部二级指标项目数（由于该企业没有与某二级指标相关的生产设施所造成的缺项）时，在计算中应将这类一级指标所属各二级指标的权重分值均予以相应修正，修正后各相应二级指标的权重分值以 K_i' 表示：

$$K_i'=K_i\times A_j$$

式中　A_j——第 j 项一级指标中，各二级指标权重分值的修正系数。$A_j=A_1/A_2$。A_1 为第 j 项一级指标的权重分值；A_2 为实际参与考核的属于该一级指标的各二级指标权重分值之和。

如由于企业未统计该项指标值而造成缺项，则该项考核分值为零。

（二）定性评价指标的考核评分计算

定性评价指标的考核总分值的计算公式为：

$$P_2=\sum_{i=1}^{n}F_i$$

式中　P_2——定性评价二级指标考核总分值；

F_i——定性评价指标体系中第 i 项二级指标的得分值；

n——参与考核的定性评价二级指标的项目总数。

（三）企业清洁生产综合评价指数的考核评分计算

为了综合考核铝工业企业清洁生产的总体水平，在对该企业各生产系统分别进行定量和定性评价考核评分的基础上，将这两类指标的考核得分按不同权重（以定量评价指标为主，以定性评价指标为辅）予以综合，得出该生产系统评价指数、企业综合评价指数和相对综合评价指数。

（1）生产系统评价指数（P） 生产系统评价指数是描述和评价被考核企业生产系统在考核年度内清洁生产总体水平的一项综合指标。综合评价指数的计算公式为：

$$P=0.7P_1+0.3P_2$$

式中 P——生产系统清洁生产的评价指数，其值一般在0~100之间；

P_1、P_2——分别为定量评价指标中各二级指标考核总分值和定性评价指标中各二级指标考核总分值。

（2）企业综合评价指数（D） 企业综合评价指数是描述和评价被考核企业生产系统在考核年度内清洁生产总体水平的一项综合指标。企业综合评价指数的计算公式为：

$$D=\left(\sum_{i=1}^{n}P_i\right)/n$$

式中 D——企业清洁生产的综合评价指数，其值一般在100左右；

P_i——企业 i 生产系统综合评价指数；

n——参与考核企业生产系统的总数。

（3）相对综合评价指数（D'） 相对综合评价指数是企业考核年度的综合评价指数与企业所选对比年度的综合评价指数的比值。它反映企业清洁生产的阶段性改进程度。相对综合评价指数的计算公式为：

$$D'=D_b/D_a$$

式中 D'——企业清洁生产相对综合评价指数；

D_a、D_b——分别为企业所选定的对比年度的综合评价指数和企业考核年度的综合评价指数。

（四）铝行业清洁生产企业的评定

对铝企业清洁生产水平的评价，是以其清洁生产综合评价指数为依据的，对达到一定综合评价指数的企业，分别评定为清洁生产先进企业或清洁生产企业。根据目前我国铝行业的实际情况，不同等级的清洁生产企业的综合评价指数见表8-1。

表8-1 铝行业不同等级的清洁生产企业综合评价指数

清洁生产企业等级	清洁生产综合评价指数
清洁生产先进企业	$P\geqslant 90$
清洁生产企业	$80\leqslant P<90$

按照现行环境保护政策法规以及产业政策要求，凡参评企业被地方环保主管部门认定为主要污染物排放未“达标”（指总量未达到控制指标或主要污染物排放超标），生产淘汰类产品或仍继续采用要求淘汰的设备、工艺进行生产的，则该企业不能被评定为“清洁生产先进企业”或“清洁生产企业”。

考虑到现行劳动安全和职业卫生政策法规要求，凡参评企业被地方劳动安全卫生主管部门认定为不符合劳动安全卫生要求的，则该企业不能被评定为“清洁生产先进企业”或“清洁生产企业”。

第三节　我国铝业低碳生产综合考评的权重确定方法

一、沃尔比重法

沃尔比重法是 1928 年由美国学者亚历山大·沃尔（Alexander Wole）提出的综合比率评价体系，至今仍是国际企业界广泛应用的经典评价模式。亚历山大·沃尔在出版的《信用晴雨表研究》和《财务报表比率分析》中提出了信用能力指数的概念，这是沃尔分析法的先驱。采用这种方法时，通常选用常规比率指标，将指标的行业先进水平作为标准值，并将指标用线性关系结合起来，分别给定各自的分数比重，通过实际值与标准比率的比较，确定各项指标的得分及总体指标的累计分数，从而对评价对象做出评价。

沃尔比重法的关键环节是赋予指标值权重，指标值的重要性权数总计为 100 分，可根据其在综合评价中的作用分别赋其一个权重。权重的确定可以根据专家打分的方法，也可以由分析人员根据历史统计数据计算确定。例如，应用沃尔比重评分法对我国氧化铝低碳生产进行综合评价时的权重设计见表 8-2。

表 8-2　氧化铝低碳生产综合评价指标权重设计表

一级指标及权重	二级指标	权重	基准值		
			拜耳法	联合法	烧结法
能源指标 U_1(23)	综合能耗 U_{11}(kgce/t. Al_2O_3)	0.33	490	1 050	1 200
	工艺能耗 U_{12}(kgce/t. Al_2O_3)	0.31	470	980	1 120
	新蒸汽消耗 U_{13}(t/t. Al_2O_3)（若溶出用熔盐新蒸汽消耗）	0.14	2.8(1.5)	3.0	2.8
	电耗 U_{14}(kW·h/t. Al_2O_3)	0.13	250	350	430
	焙烧工序能耗 U_{15}(kgce/t. Al_2O_3)	0.09	105	105	105
	熟料烧成煤单耗 U_{16}(kg/t. Al_2O_3)	0.06	—	230	440

（续）

一级指标及权重	二级指标	权重	基准值		
			拜耳法	联合法	烧结法
资源指标 U_2(21)	石灰消耗 U_{21}(kg/t. Al_2O_3)	0.13	250	700	1 100
	企业工业水重复利用率 U_{22}(%)	0.15	95	92	92
	新水消耗 U_{23}(m^3/t. Al_2O_3)	0.23	5	5.0	5.0
	碱耗 U_{24}(kg/t. Al_2O_3)	0.15	65	65	65
	氧化铝总回收率 U_{25}(%)	0.34	81	91	89
综合利用指标 U_3(13)	新蒸汽冷凝水利用率 U_{31}(%)	0.15	100	100	100
	二次蒸汽利用率 U_{32}(%)	0.15	100	100	100
	赤泥附液利用率 U_{33}(%)	0.36	100	100	100
	蒸发结晶碱利用率 U_{34}(%)	0.34	100	100	
污染物指标 U_4(13)	烟（粉）尘排放量 U_{41} (kg/t. Al_2O_3)	0.34	0.6	2.5	3.5
	SO_2 排放量 U_{42}(kg/t. Al_2O_3)	0.25	0.2	0.5	0.5
	外排生产废水量 U_{43}(m^3/t. Al_2O_3)	0.26	0	0	0
	赤泥排放量 U_{44}(t/t. Al_2O_3)	0.15	0.50	0.5	0.5
低碳理念 U_5(9)	员工对环境的满意率 U_{51}	0.25	100	100	100
	低碳教育的普及率 U_{52}	0.23	100	100	100
	低碳理念员工熟悉度 U_{53}	0.25	100	100	100
	开展低碳生产审核 U_{54}	0.27	100	100	100
财务指标 U_6(21)	企业内含报酬率 IRR(%) U_{61}	0.13	10	10	10
	投资利润率 U_{62}(%)	0.098	8.5	8.5	8.5
	净现值率 U_{63}(%)	0.077	6.5	6.5	6.5
	净利润增长率 U_{64}(%)	0.081	3.5	3.5	3.5
	应收账款周转率 U_{65}(%)	0.084	5	5	5
	存货周转率 U_{66}(%)	0.088	8	8	8
	总资产周转率 U_{67}(%)	0.083	100	100	100
	速动比率 U_{68}(%)	0.11	150	150	150
	资产负债率 U_{69}(%)	0.087	40	40	40
	负债与所有者权益比率 U_{610}(%)	0.083	200	200	200
	利息保障倍数 U_{611}	0.079	10	10	10

注：本指标体系及各指标权重和基准值基于国家发改会颁布的《铝行业企业清洁生产指标体系（试行）》文件中相对应指标权重及基准值调整得到。

应注意的是，沃尔比重法存在着两个明显缺陷：一是选择的比率及给定的比重具有较强的主观性，缺乏说服力；二是如果某一个指标严重异常时，会对总评分产生不合逻辑的重大影响。

二、层次-模糊分析法（AHP-Fuzzy）

层次分析法与模糊综合评价相结合的方法，即 AHP-Fuzzy 法进行低碳生产的综合评价。AHP-Fuzzy 综合评价模式，如图 8-1 所示。

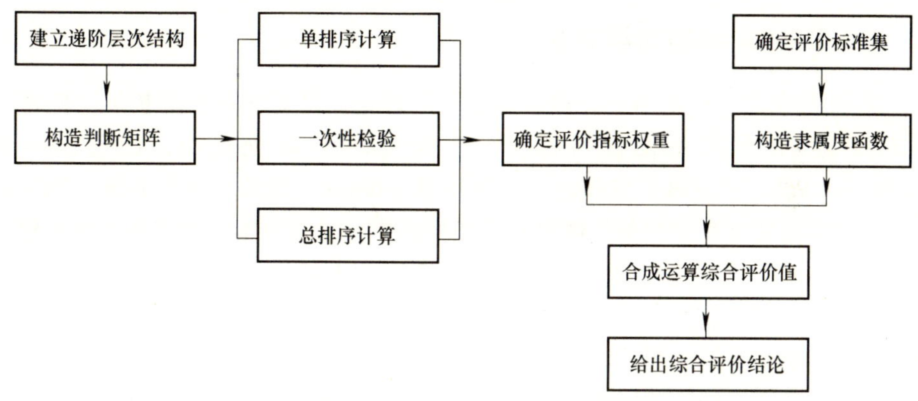

图 8-1 AHP-Fuzzy 综合评价模式

其分析步骤如下：

第一步，根据铝工业企业生产系统低碳生产的特点按照 AHP 方法要求建立递阶层次结构。

建立递阶层次结构，这是应用 AHP 的关键步骤。本节建立的工业企业低碳生产递阶层次结构模型共分为四层：①总目标层，是最终要实现的目标。②准则层，也就是衡量低碳生产的准则。③评价指标层，即具体描述低碳生产的各项指标；④方案层，对不同的具体评价对象可有不同的方案且个数不限。

第二步，专家咨询，构造判断矩阵。采用 AHP 方法确定各评价指标的权重。

依据 AHP 法原理和程序，对层次结构模型从左至右进行各层次因素的两两重要性判断比较，本节采用美国 T. L. Saaty 教授提出的两两因素比较的 1-9 比率标度表，由行业专业技术人员、生产管理者及环保科技人员组成专家组，对各层次元素之间进行标度判断，标度结果组成判断矩阵，分别对各层次进行单排序计算和一致性检验，最后进行总排序，并将总排序结果作为各项指标的权重。

第三步，专家咨询与统计分析，确定各评价指标隶属函数值。

1）对清洁生产技术方案综合评价指标中的数量指标，首先对其进行标准化处理以使各自具有不同含义和不同量纲的指标列在一起评价时具有可比性，也为构造隶属度函数创造条件。

2）确定评价标准集，本文定的评价的指标等级为三级，即较好、一般、较差。

3）确定各评价指标的隶属度函数。

在用模糊综合评价方法处理低碳生产综合评价问题时，选择适当的隶属度函数是很重要的。如选择不当，则会远离实际情况，从而影响评判结果的正确性。

第四步，运用模糊合成运算求得低碳生产的综合评价值，并进行结果分析。

三、DS-BP 神经网络方法

DS 证据理论主要是用于处理不确定性的理论，是对概率论的扩展。此理论于20 世纪 70 年代由德普斯特（A. P. Dempster）首先提出，此后由沙佛（G. Shafer）进一步发展了该理论。与贝叶斯（Bayes）理论下需要有统一的识别框架、完整的先验概率和条件概率且只能将概率分派函数指定给完备的互不包含的假设不同，DS 证据理论则通过放松贝叶斯理论下的约束条件，引入区分不确定与不知道之间的信任函数，用先验概率分配函数去获得后验的证据区间，使其既可以对互相相容的命题进行证据融合，也可以对相互重叠、非互不相容的命题进行证据融合，在评价领域中的应用空间得到了极大的拓展。其基本原理如下：

1）设 U 为一些互斥且穷举的元素组成的命题的集合，称为辨识框架，ϕ表示空的命题 A 集合，则 U 的基本概率赋值函数为 $m: 2^U \rightarrow [0, 1]$，在满足 $m(\phi)=0$，且 $\sum_{A \subset U} m(A)=1$ 时，称 $m(A)$ 为命题 A 的基本信任程度。$m(A)$ 表示命题 A 的精确信任程度，即对 A 的直接交代。

2）计算评价证据融合的信任函数。基本概率赋值函数 m 的信任函数定义为：$Bel(A) = \sum_{A \subset U}^{n} m(A)$ 。

3）算出新指标权重，方法是利用证据联合作用，将信息融合，求出信任函数。

Dempster 合成规则，又称证据合成公式，其定义为：

$$m_1 \oplus m_2(A) = \frac{1}{K} \sum_{B \cap C = A} m_1(B) m_2(C)$$

式中，K 为归一化常数。

$$K = \sum_{B \cap C \neq \varphi} m_1(B) \cdot m_2(C) = 1 - \sum_{B \cap C = \phi} m_1(B) \cdot m_2(C)$$

n 个 mass 函数的 Dempster 合成规则为：

$$(m_1 \oplus m_2 \oplus \cdots \oplus m_n)(A) = \frac{1}{K} \sum_{A_1 A_2 \cap \cdots \cap A_n = A} m_1(A_1) m_2(A_2) \cdots m_n(A_n)$$

式中，$K = \sum_{A_1 \cap \cdots \cap A_n \neq \phi} m_1(A_1)m_2(A_2)\cdots m_n(A_n)$ 。操作符⊕表示正交和或直接和。

这样就可以得到如下信任函数：$Bel = m_1(A_1) \oplus m_2(A_2) \oplus \cdots \oplus m_n(A_n)$

由于精确的概率在现实生活中难以获得，因此证据理论没有采用精确的概率来度量，而是利用约束事件的概率，选用了信任函数来进行计量，从而建立信任函数。信任函数能处理各种不确定性，包括由于随机性以及由模糊性导致的不确定性。因此，它被广泛应用于决策分析、状态监测、目标识别、故障诊断等领域。

BP 网络是一种通过模拟人脑来进行信息处理的数学模型，于 1986 年由以 Rumelhart 和 Mclelland 为首的科学家小组首次提出，是一种按误差逆传播算法训练的多层前馈网络，BP 模型具有学习、联想和容错功能，并能进行大规模并行信息处理，对非线性系统具有很强的模拟能力，是目前应用最为广泛的人工神经网络算法。

人工神经元模型如图 8-2 所示。

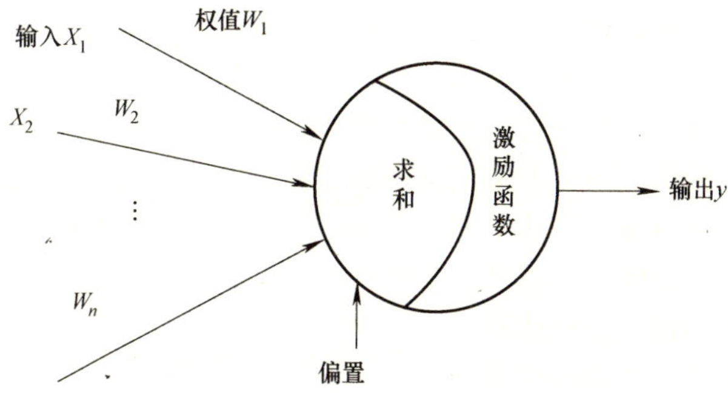

图 8-2　人工神经元模型示意图

用公式表示为：

$$y = f(\sum_j w_{ij}x_j + b)$$

式中，f 代表这个神经元所用的传递函数。

神经网络的学习是通过改变网络中链接的权重来进行的，其“训练”过程如下：

1）提供数组对应的输入、输出数据。

2）进行神经网络分析，掌握输入数据和输出数据之间的内在规律。

3）利用上述内在规律，根据一组新的输入数据得出输出结果。

BP 网络能够通过非线性传递函数以任意的精度逼近任何非线性函数，如果想要完成任意的 n 维空间到 m 维的映射，或是以任意精度逼近任何非线性连续函数，只需要利用三层的 BP 神经网络即可得到较为完美的解决方法。因此，BP 网络一般由输入层、隐含层和输出层构成，其结构示意图如图 8-3 所示。

鉴于DS证据与BP神经网络各自的优势，在评价工业企业的低碳生产状况以及综合成本效益水平时，有必要将二者结合起来应用，特别是在多维输入的情形下，由于网络性能所限，网络性能往往不够稳定，网络的收敛性也较差。为此，在多维输入的情况下，通过提取出多维的输入向量，将多维的输入向量分为几个向量，对于分组得到的每一个分向量组设计一个神经网络，这样就得到一个神经网络组，对于网络组的输出，可利用DS证据理论做出决策，以便得出更加客观、合理的评价结果。

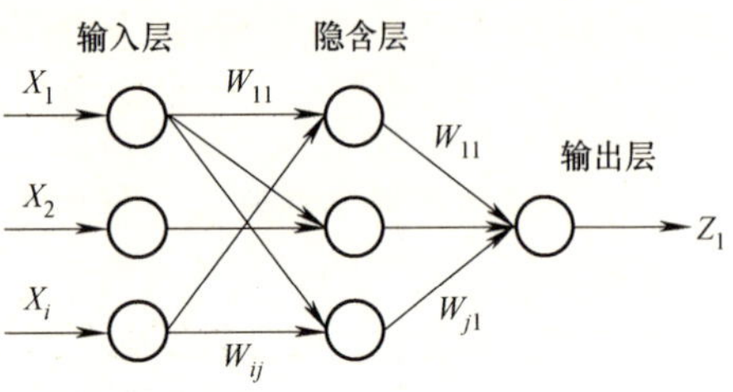

图8-3 三层BP网络结构图

DS证据与BP神经网络结合应用的评价程序与方法可简要概括如下：

第一步：构建工业企业低碳生产综合成本效益水平的评价指标体系。

指标体系的构建是评价工业企业低碳生产综合成本效益水平的基础或前提。工业企业的低碳生产是指将整体预防的环境战略持续应用于生产过程和产品中，以期减少对人类和环境的风险。其基本特征是：①资源利用率高、产出高。②全能耗低、碳排放量低。③从源头减少污染、实现生产全过程综合预防。④废物减量化、资源化、无害化。因此，应从资源消耗量、能源消耗量、污染物及碳排放、综合利用率、低碳生产理念以及财务指标等多方面构建工业企业低碳生产综合成本效益水平的评价指标体系。

第二步：确定评价指标权重。

确定评价指标权重的理论依据是证据理论的基本概率赋值函数和信任函数。不同专家的思维也存在很大的差异，因而需要融合专家的评价信息。电解铝企业低碳生产综合成本效益水平评价指标体系具有两级，在对证据进行融合时，先进行一级指标融合；然后，进入第二个阶段，再对二级指标进行融合。我们采用用证据理论信任函数的求法来对指标权重信息进行融合计算。

为了得到基本概率赋值函数值的测评值，首先通过历史经验和调查研究，得出$\alpha=[\alpha_1, \alpha_2, \cdots, \alpha_m]$为各位专家的可信度。然后，对于$n$个不相同的指标权重，同时让$m$个专家进行评测，就可以得到$\boldsymbol{W}_{m\times n}$矩阵，该矩阵是$m$个专家给出的评测矩阵，给出了$n$个不同指标的权重。用各专家的可信度乘以该评测矩阵，就可以得到调整后的评价矩阵：$\boldsymbol{W}=\alpha\otimes W_{m\times n}$

$$\boldsymbol{W}=\begin{pmatrix} w_{11} & w_{12} & \cdots & w_{1n} \\ w_{21} & w_{22} & \cdots & w_{2n} \\ \vdots & \vdots & & \vdots \\ w_{m1} & w_{m2} & \cdots & w_{mn} \end{pmatrix}=\begin{pmatrix} A_{1\times n} \\ A_{2\times n} \\ \vdots \\ A_{m\times n} \end{pmatrix}$$

用以下程序，融合 m 个专家的指标权重：

1）第一次融合，采取求值和的方式，融合第一、二位专家给出的权重值：

$$Bel_{12}=A_{1\times n}\otimes A_{2\times n}=(w_{11},w_{12},\cdots,w_{1n})\otimes(w_{21},w_{22},\cdots,w_{2n})$$

2）取第三位专家确定的权重，和前一次融合结果进行融合：

$$Bel_{123}=Bel_{12}\otimes A_{3\times n}=(w_{11},w_{12},\cdots,w_{1n})\otimes(w_{21},w_{22},\cdots,w_{2n})\otimes(w_{31},w_{32},\cdots,w_{3n})$$

3）按此方法一直进行下去，最后将所有专家的权重值都进行融合，得出最终的对这 n 个指标的权重值，即

$$Bel=A_{1\times n}\otimes A_{2\times n}\otimes A_{3\times n}\otimes\cdots A_{m\times n}$$

第三步：进行数据的标准化处理。

首先，对定量指标进行规范化和趋同化处理，方法如下：当实际值越小越好时，$F_j=1-[(X_j-X_{j\min})/(X_{j\max}-X_{j\min})]$；当实际值越大越好时，$F_j=(X_j-X_{j\min})/(X_{j\max}-X_{j\min})$。其中，$F_j$ 是实际值为 X_j 的标准化值；j 是评价指标的个数。

其次，利用专家的评价，量化处理定性指标，同样使用上述方法对其进行标准化处理。

再次，同理对二级指标进行融合。

最后，对相关指标的“最小值”和“最大值”进行趋同化处理

第四步：利用 BP 神经网络算法对数据进行转换和处理。

1）把神经网络权值初始化，方法是用 0～1 之间的随机数，同时将学习精度 ε 确定为 1E-5。

2）学习样本的确定。

3）顺序使用学习样本，反复不断地对神经网络进行训练，直到达到网络稳定；完成对 BP 神经网络模型的训练后，就可以用来进行电解铝企业低碳生产水平评估。

4）依据工业企业低碳生产综合成本效益水平评价指标体系，我们可以得到输入向量组 X。方法是用需要评价的企业用证据理论得到的权重与所有二级指标所形成的向量而得出。

5）求出网络输出值。方法是将输入向量组 X 输入经过训练的神经网络。

6）求出需要评估的工业企业低碳生产综合成本效益水平。

第五步：对结果进行分析与评价。

第四节　基于 DS-BP 网络方法的案例分析

鉴于工业生产行业的多样性、过程的复杂性以及评价的差异性，本文的实证分析案例基于电解铝行业的数据进行。为此，选取了五家电解铝生产企业（以符号 A、B、C、D、E 代替）进行低碳生产综合成本效益水平的评价，以 A 企业

为例进行详细分析，B、C、D、E 四个企业的分析过程与对 A 企业的分析过程相同。

第一步，构建电解铝低碳生产综合成本效益水平的评价指标体系。

从对我国电解铝企业发展水平的了解来看，我国电解铝低碳生产综合成本效益水平不一致。通过实地调查研究、咨询相关方面的专家，结合我国发改委颁布的《铝行业清洁生产评价指标体系（试行）》以及我国政府的低碳工作报告，在考虑到可操作性、代表性以及系统性等原则的基础上，构建电解铝低碳生产综合成本效益水平的评价指标体系，如图 8-4 所示。

由图 8-4 可知，电解铝低碳生产综合成本效益水平的评价指标体系由财务指标、能源指标、污染物指标、资源指标、综合利用指标和低碳理念这 6 个一级指标构成，并进一步详细体现在 24 个二级指标上。它们包含了主观指标和客观指标，同时它们还具有不确定性、不准确性和不完整性。

第二步，确定评价指标权重。

设 $W_{5\times6}$ 为五个专家对六项一级指标测评的矩阵，$W_{5\times24}$ 为他们对 24 个二级指标权重进行评估的结果，W_1 为这些专家们对六项以及指标评估后的调整矩阵，W_2 是他们对 24 个二级指标权重采取评估后的调整矩阵，我们还假定这些专家的可信度是：$\alpha=[\alpha_1, \alpha_2, \alpha_3, \alpha_4, \alpha_5]=[0.70, 0.75, 0.75, 0.8, 0.8]$。

依据模型“第二步”，可得一级指标调整后的评价矩阵 $\boldsymbol{W}_1=\alpha\otimes\boldsymbol{W}_{5\times6}$，即

$$\boldsymbol{W}_1=\alpha\otimes\boldsymbol{W}_{5\times6}=\begin{pmatrix} w_{11} & w_{12} & w_{13} & w_{14} & w_{15} & w_{16} \\ w_{21} & w_{22} & w_{23} & w_{24} & w_{25} & w_{26} \\ w_{31} & w_{32} & w_{33} & w_{34} & w_{35} & w_{36} \\ w_{41} & w_{42} & w_{43} & w_{44} & w_{45} & w_{46} \\ w_{51} & w_{52} & w_{53} & w_{54} & w_{55} & w_{56} \end{pmatrix}=\begin{pmatrix} A_{1\times6} \\ A_{2\times6} \\ A_{3\times6} \\ A_{4\times6} \\ A_{5\times6} \end{pmatrix}$$

二级指标调整后的评价矩阵 $\boldsymbol{W}_2=\alpha\otimes\boldsymbol{W}_{5\times24}$，即

$$\boldsymbol{W}_2=\alpha\otimes\boldsymbol{W}_{5\times24}=\begin{pmatrix} w_{11} & w_{12} & w_{13} & w_{14} & \cdots & w_{1n} \\ w_{21} & w_{22} & w_{23} & w_{24} & \cdots & w_{2n} \\ w_{31} & w_{32} & w_{33} & w_{34} & \cdots & w_{3n} \\ \vdots & \vdots & \vdots & \vdots & \vdots & \vdots \\ w_{51} & w_{52} & w_{53} & w_{54} & \cdots & w_{5n} \end{pmatrix}=\begin{pmatrix} A_{1\times24} \\ A_{2\times24} \\ A_{3\times24} \\ A_{4\times24} \\ A_{5\times24} \end{pmatrix}$$

依据前述的证据联合下的信度函数的计算公式，针对一级指标和二级指标的权重，将 5 位专家权重信息进行融合，即

$Bel_1=A_{1\times6}\otimes A_{2\times6}\otimes A_{3\times6}\otimes A_{4\times6}\otimes A_{5\times6}$，$Bel_{2n}=A_{1\times24}\otimes A_{2\times24}\otimes A_{3\times24}\otimes A_{4\times24}\otimes A_{5\times24}$

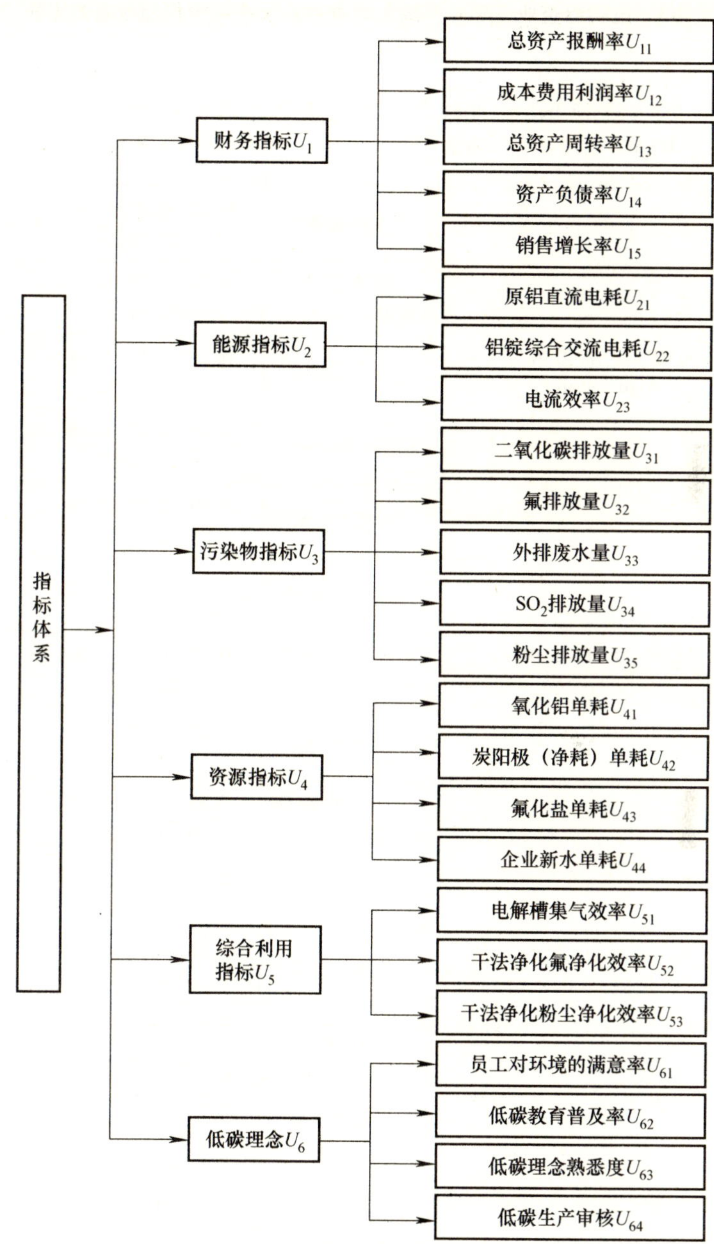

图 8-4　我国电解铝低碳生产综合成本效益水平评价指标体系

Bel_1 和 Bel_{2n}就是融合了各个一、二级指标信息而得出的权重值。经过融合后的一、二级指标对应的权重值详见表 8-3，如图 8-5 所示，同时还列出了各位专家评测矩阵的数据。

表 8-3 电解铝企业低碳生产综合成本效益水平评价指标权重数据表

目标层	一级指标	专家1 专家2 专家3 专家4 专家5 W_{1n} W_{2n} W_{3n} W_{4n} W_{5n}	一级指标权重	二级指标	专家1 专家2 专家3 专家4 专家5 W_{1n} W_{2n} W_{3n} W_{4n} W_{5n}	二级指标权重
电解铝企业低碳生产综合成本效益水平评价指标体系	财务指标	0.38 0.37 0.38 0.39 0.40	0.39	总资产报酬率	0.27 0.28 0.29 0.28 0.29	0.28
				成本费用利润率	0.22 0.22 0.21 0.20 0.20	0.21
				总资产周转率	0.23 0.22 0.24 0.24 0.24	0.23
				资产负债率	0.19 0.17 0.18 0.16 0.17	0.17
				销售增长率	0.19 0.21 0.18 0.22 0.20	0.20
	能源指标	0.24 0.21 0.18 0.17 0.20	0.20	原铝直流电耗	0.30 0.32 0.33 0.32 0.33	0.32
				铝锭综合交流电耗	0.32 0.30 0.31 0.33 0.32	0.32
				电流效率	0.38 0.38 0.36 0.35 0.35	0.36
	污染物指标	0.10 0.11 0.09 0.12 0.08	0.10	二氧化碳排放量	0.35 0.35 0.25 0.25 0.25	0.25
				氟排放量	0.19 0.19 0.25 0.25 0.25	0.24
				外排废水量	0.20 0.20 0.20 0.20 0.21	0.20
				SO_2排放量	0.10 0.13 0.10 0.10 0.10	0.11
				粉尘排放量	0.25 0.22 0.20 0.20 0.18	0.20
	资源指标	0.08 0.13 0.07 0.11 0.11	0.10	氧化铝单耗	0.26 0.26 0.25 0.24 0.24	0.25
				炭阳极（净耗）单耗	0.23 0.24 0.25 0.24 0.25	0.24
				氟化盐单耗	0.24 0.24 0.22 0.24 0.23	0.23
				企业新水单耗	0.27 0.26 0.28 0.28 0.28	0.28

（续）

目标层	一级指标	专家1 专家2 专家3 专家4 专家5 W_{1n} W_{2n} W_{3n} W_{4n} W_{5n}	一级指标权重	二级指标	专家1 专家2 专家3 专家4 专家5 W_{1n} W_{2n} W_{3n} W_{4n} W_{5n}	二级指标权重
电解铝企业低碳生产综合成本效益水平评价指标体系	综合利用指标	0.09　0.12　0.11　0.08　0.10	0.10	电解槽集气效率	0.38　0.39　0.38　0.37　0.38	0.37
				干法净化氟净化效率	0.37　0.38　0.37　0.38　0.38	0.38
				干法净化粉尘净化效率	0.25　0.23　0.25　0.25　0.24	0.25
	低碳理念	0.13　0.10　0.11　0.11　0.11	0.11	开展低碳生产审核	0.27　0.27　0.27　0.26　0.26	0.26
				低碳理念员工熟悉度	0.21　0.22　0.23　0.22　0.24	0.23
				低碳教育的普及率	0.28　0.26　0.26　0.27　0.26	0.26
				员工对环境的满意率	0.24　0.25　0.24　0.25　0.24	0.25

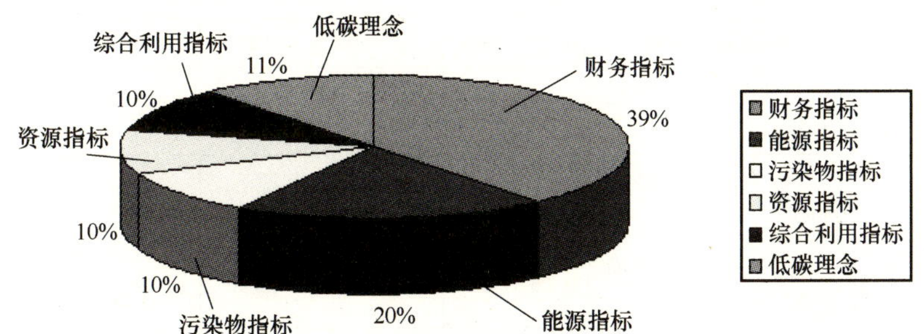

图 8-5　电解铝企业低碳生产综合成本效益水平评价指标权重图

第三步，进行数据的标准化处理。

参照我国发改委公布的《铝行业清洁生产评价指标体系（试行）》，确定了本文的各指标标准化数据。根据实地调查研究和资料搜集，得到待评电解铝企业的内部统计报告和财务报告等，从而为选定指标的客观数据提供了部分来源。此外，根据待评企业的实际经营状况以及其内外部环境分析，确定了电解铝低碳生产综合成本效益水平各项评价指标的最小值和最大值，见表 8-4。

表 8-4 电解铝企业低碳生产综合成本效益水平评价数据表

目标层	一级指标	一级指标权重	二级指标	二级指标权重	最大值	最小值	标准化值	观测值	单位	指标方向	规范化趋同处理
电解铝企业低碳生产综合成本效益水平评价指标体系	财务指标	0. 39	总资产报酬率	0. 28	20	5	15	13. 8	%	+	0. 59
			成本费用利润率	0. 21	25	8	17	14. 5	%	+	0. 38
			总资产周转率	0. 23	0. 2	0. 04	0. 16	0. 12		+	0. 50
			资产负债率	0. 17	60	20	40	40	%	+	0. 50
			销售增长率	0. 20	8	3	6	7	%	+	0. 80
	能源指标	0. 20	原铝直流电耗	0. 32	14 000	12 500	13 300	13 318	kW. h/t. Al	–	0. 45
			铝锭综合交流电耗	0. 32	15 000	14 000	14 500	14 260	kw. h/t. Al	–	0. 74
			电流效率	0. 36	99	80	93. 5	94	%	+	0. 74
	污染物指标	0. 10	二氧化碳排放量	0. 25	1. 6	1. 3	1. 5	1. 4	t/t. Al	–	0. 67
			氟排放量	0. 24	0. 9	0. 6	0. 8	0. 7	kg/t. Al	–	0. 67
			外排废水量	0. 20	1. 7	1. 4	1. 6	1. 5	m^3/t. Al	–	0. 67
			SO_2排放量	0. 11	5. 5	3. 3	5	4. 6	kg/t. Al	–	0. 41
			粉尘排放量	0. 20	1. 4	1. 1	1. 3	1. 2	kg/t. Al	–	0. 67
	资源指标	0. 10	氧化铝单耗	0. 25	1 980	1 900	1 920	1 920	kg/t. Al	–	0. 75
			炭阳极(净耗)单耗	0. 24	450	400	420	410	kg/t. Al	–	0. 80
			氟化盐单耗	0. 23	25	20	22	22	kg/t. Al	–	0. 60
			企业新水单耗	0. 28	6	4	4. 5	5	m^3/t. Al	–	0. 50
	综合利用指标	0. 10	电解槽集气效率	0. 37	105	90	98. 5	97	%	+	0. 47
			干法净化氟净化效率	0. 38	100	95	99	98	%	+	0. 60
			干法净化粉尘净化效率	0. 25	100	96	99. 2	98. 7	%	+	0. 68
	低碳理念	0. 11	员工对环境的满意率	0. 26	99	94	>96	>96	%	+	0. 41
			低碳教育的普及率	0. 23	91	86	>89	>90	%	+	0. 79
			低碳理念员工熟悉度	0. 26	8	2	5	7		+	0. 84
			开展低碳生产审核	0. 25	6	1	4	6		+	0. 82

注：从 XX 电解铝低碳生产项目的财务报表和内部统计报表中，结合实地调研、咨询专家，得出了上述观测值；标准值主要来自我国发改委颁发的《铝行业清洁生产评价指标体系（试行）》。

第四步，利用 BP 神经网络算法对数据进行转换和处理。

将 BP 神经网络用于电解铝低碳生产综合成本效益水平的评价，能够建立起一个综合评价模型，使其接近于人类思维模式，能够将定性与定量信息相结合进行分析。使用者无需事前揭示描述这种映射关系的数学方程，该网络能学习和存储大量的输入-输出模式映射关系。

本文选择输入层神经元的个数为 24 个，第二层隐含神经元个数为 9 个，输出层神经元为 1 个。从而形成了“24-9-1”三层 BP 神经网络模型构成的基本结构。

这样，我们可以得出九个等级的输出层水平，见表 8-5。

表 8-5　电解铝企业低碳生产综合成本效益水平划分区间

A^+	A	A^-	B^+	B	B^-	C^+	C	C^-
(0.8, 0.9]	(0.7, 0.8]	(0.6, 0.7]	(0.5, 0.6]	(0.4, 0.5]	(0.3, 0.4]	(0.2, 0.3]	(0.1, 0.2]	(0, 0.1]

根据表 8-5，可以找出研究样本值对应的区间，从而确定该研究样本对应的低碳生产水平。

对上述评价指标数据进行了标准化、规范趋同处理，同时结合 BP 神经网络的算法进行转换和处理。用 MATLAB 神经网络工具箱中的 newff 和 sim 构建和仿真三层 BP 神经网络，将隐含层和输出层的传递函数分别设定为 Tansig 和 Logsigmoid 函数，因为通过 logsigmoid 函数可以将网络的输出限定在（0，1）区间上。然后用 trainlm 来训练 BP 神经网络，训练过程的误差曲线如图 8-6 所示。接下来向经过训练的神经网络 net 中输入数据，经过归一化处理后得到的测试样本，通过网络模拟函数 $y=$ sim(net，p）进行仿真，通过输入 p，即获得测试样本经反归一化处理得到的一组在（0，1）区间上的数据 y，y 即为预测数据，用来确定待评电解铝低碳生产综合成本效益水平。

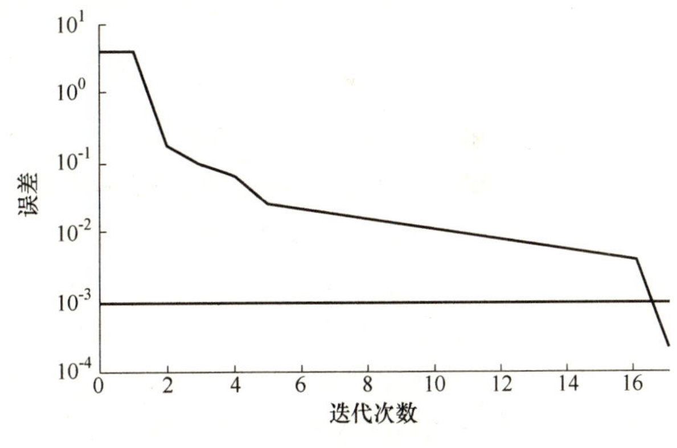

图 8-6　训练过程的误差曲线

第五步，对结果进行评价与分析。

在对电解铝低碳生产项目 1 进行评价后，遵照相同的程序，分别评价另外四个电解铝低碳生产项目的综合成本效益水平，它们的期望输出值和神经网络实际输出值的对比结果见表 8-6 及如图 8-7 所示。

由表 8-6 和图 8-7 可见，所评估的五个电解铝低碳生产项目综合成本效益水平的输出结果与期望结果基本一致，表明该指标体系和评价模型适用而且有效，较好地解决了电解铝低碳生产综合成本效益水平的评价问题，有助于企业积极采取措施，提高自身的低碳生产以及综合成本效益水平。

表 8-6 期望输出值与神经网络实际输出值的对比表

	项目 1	项目 2	项目 3	项目 4	项目 5
网络输出	0.630	0.436	0.758	0.527	0.335
期望输出	0.645	0.451	0.746	0.539	0.350
分析结果	A^-	B	A	B^+	B^-
期望结果	A^-	B	A	B^+	B^-

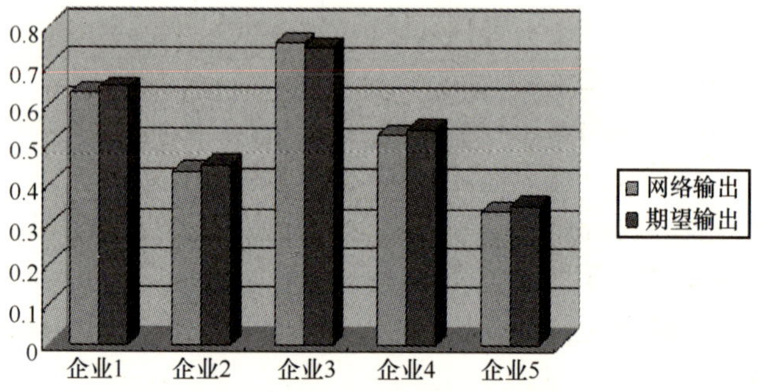

图 8-7 神经网络实际输出与期望输出的对比

通过以上研究，得出以下几点结论：

1）由传统的线性模式、末端治理模式向低碳生产模式转变是对工业企业生产发展的客观要求。工业企业，特别是像电解铝这样的传统“高碳生产”企业，应该从战略的高度制定低碳生产规划，积极开展有关低碳生产状况的评估以及综合成本效益水平的综合评价，切实推进工业企业不断提高低碳生产的综合成本效益水平。

2）由于工业企业低碳生产的状况以及综合成本效益水平的高低难以界定、评价指标体系的选取因人而异、所赋权重也受到专家主观因素影响，从而使得评价结果具有不确定性。正是由于上述因素的存在，使得传统的评价模型变得不适用。而 DS 证据理论与 BP 网络理论的结合运用具有巨大的优势，特别是有效地解决了其他评价方法目前难以面对的“信息残缺”“信息模糊”和“信息容错”等问题，DS-BP 的结合运用理应成为工业企业低碳生产的综合成本效益水平评价的主要方法。

3）鉴于工业生产行业的多样性、过程的复杂性以及评价的差异性，在对工业企业低碳生产的综合成本效益水平进行评价时，必须结合不同的行业特点、不同的生产工艺以及不同的组织方式构建科学、合理的评价指标体系，这是客观、全面地评价不同类型工业企业低碳生产综合成本效益水平的基础或前提。

第九章　低碳生产模式构建的动力机制

本章结合我国铝业生产的实际情况，探讨构建低碳生产模式的动力机制，包括推动我国铝业实现低碳生产的动力构成、相互关系以及运行机理。尽管低碳生产模式是我国铝业生产的客观要求和必然选择，却不会自发、自动地实现，良好的动力机制是实现我国铝业实现低碳生产的基本前提。

第一节　动力机制研究状况

“机制”一词源自希腊语，其基本含义是指机器、设备的构造和动作原理；之后引申为一个工作系统的各个组成部分之间相互联系、相互作用的过程与方式；此后，又扩展到经济、管理及其他社会领域，进而提出了经济机制、管理机制、激励机制、约束机制等一系列概念。其中，围绕解决系统运行有无动力以及动力的种类与大小而选择的一套互相联系的调节方式称为动力机制或驱动机制（Dynamic Mechanism），它是管理系统中产生工作积极性、主动性、创造性的机制，由导向机制、激励机制、约束机制和控制机制等多个子机制构成。

国内外学者就动力机制的基本理论、环境与生态保护、环境管制等一系列问题的研究广泛而且深入。但是，由于清洁与低碳生产模式的提出只是最近几年的事情，所以国内外关于低碳生产以及实现我国铝业低碳生产模式的动力机制的研究相对较少。由于推进工业企业生产模式由线性模式、末端治理模式向低碳生产模式转换的宗旨同样是加强环境、生态保护，因此，国内外学者就动力机制的基本理论、环境与生态保护、环境管制等一系列问题的研究成果对于我国铝业低碳生产模式的动力机制研究同样具有借鉴意义。

1. 工业企业实施低碳生产的基本动因

美国著名的心理学家马斯洛（Abraham H. Maslow）早在1943年就提出了需求层次理论，由此奠定了激励理论（即动力机制）研究的基础，他将人的需要从低到高依次分为生理需要、安全需要、爱情需要、尊重需要、自我实现需要五个层次，并指出需求是人类行为的动因和源泉，要充分调动人的积极性、主动性以及创造性，就要研究其需要。

此后，克莱顿·阿尔德弗（Clayton. Alderfer）、戴维·麦克利兰（David

C. McClelland）先后对马斯洛的需求层次理论进行了补充与完善，明确了不同类型员工的需求特点，为激发员工的工作动力指明了方向。

1964 年，美国心理学家维克托·弗鲁姆（Victor H. Vroom）提出了期望理论。该理论认为，预期的报偿或结果能够激励人的行为，激励力度的大小是效价与期望值的乘积。其中，期望值是个人达到企业目标的可能性大小。以及企业目标达到后兑现个人要求可能性大小的主观估计；效价是企业和团队的目标达到后，对个人有什么好处或价值。以及其价值大小的主观估计。

对比马斯洛的需求层次理论，维克托·弗鲁姆提出的期望理论有了实质性的进展，它不仅考虑人的需要，而且考虑满足需要的途径以及组织环境的影响。

在当前我国环境污染与生态破坏严重的情况下，优美的生态环境成为人们的向往与追求。人类的生存离不开经过地球大气层选择和吸收的阳光、特定质量的空气和水源等。人类是社会的主体，人不是单纯作为生产力的要素之一而生活在这个世界上的。如果经济系统的运行要以损害人类自身的生存为代价，那么，对人类来说，这种经济系统就毫无意义。保护好人类赖以生存的生态环境，是推进工业企业实施低碳生产模式的基本动因。马斯洛的需求层次理论、弗鲁姆的期望理论、连同之后爱德华·劳勒（Edward E. Lawler）和莱曼·波特（Lyman W. Porter）的动力激发理论、弗雷德里克·赫茨伯格（Frederick Herzberg）的动机引论、斯金纳（B. F. Skinner）的动机强化理论等为我国铝业低碳生产动力机制的研究提供了理论依据。

2. 环境管制对于实施低碳生产的影响

关于环境管制、加强环境生态保护以及动力机制等问题的研究最早见于庇古（Pigou，1932）的《福利经济学》中，环境问题的根源在于负外部效应，或称外部不经济性。消除“外部效应”的最好方式是运用“看得见的手”，即政府通过收费、征税或提供补贴等直接干预的方式使外部性问题内部化。因此，收费、征税或提供补贴等直接干预的方式，被称为传统的“命令—控制”型环境管制工具，或“庇古手段”。

科斯（Davisono Coase）于 1960 年创造性地提出了产权与交易成本的概念，开创了新制度经济学的先河。认为外部性的存在虽然对企业经营具有重要影响，但可以通过市场本身的调节机制来实现“内部化”而并不需要政府规制干预，如果谈判费用不大，外部效应就可以通过“看不见的手”即市场机制来解决。这种市场化的环境管制工具，或基于市场的环境管制（Market-Based Instrument，简称为 MBI）被称为“科斯手段”。

Levy1995 年对跨国企业的研究发现，通过资本市场融资的企业承担环境责任、进行环境管理的首要动机更强，日益严厉的环境规制使企业意识到不遵守所要承担的严重后果。

尽管政府规制、市场调节二者间存在差异，但都是以如何解决企业生产对环境造成的负外部性为出发点的。同样，Florida 和 Davison 在 2001 年的研究也表明降低规制的严厉程度能够更好地激励企业付诸于改善环境的实践。

自愿环境管制（Voluntary Regulation）是国际上逐步发展起来的新型环境管制措施。在企业认证方面，比较有影响的是国际标准化组织的 ISO14000 认证，欧洲的 EMAS（生态管理和审核计划）认证等；在产品的生态认证方面，如德国的"蓝色天使"（Blue Angel）、北欧的"天鹅标志"（Nordic Swan）、美国的"绿色印章"（U. S. Green Seal）等。以自愿方式执行管制，建立在企业与政府相互信任基础上，可以避免严厉执行的缺点，同时为企业和政府带来许多利益。

Carol Boyle1999 年通过对新西兰和其他地方的中小型企业清洁生产扩散计划的研究发现，企业清洁生产既非纯粹的立法，也非纯粹基于市场的做法，所有各级政府和公众的共同参与才是最好的促进策略。

我国学者张鳗等在 2005 年分析了企业环境管理的类型及影响因素，认为政府应该加强对企业行为模式的识别，以制定具有针对性、创新性的环境规制。刘丽敏、杨淑娥在 2007 年提出政府应该适应国际环境保护立法的趋势，推行严格的技术标准与环境标准，及时与国际标准接轨，促使企业环境成本内部化于产品价格之中。林仲豪、高红贵认为企业自觉履行企业社会责任是一个长期努力的过程，需要国家运用法律指引、评价、惩罚等手段对其进行适度的干预。

3. 消费者及相关利益团体对于实施低碳生产的影响

消费者对企业实施低碳生产的影响在 20 世纪 90 年代后开始有人关注。Beverley Thorpe 等在 1994 年研究证明了社会公众和非政府组织在加强环境管理中的积极作用，在投票率较高以及环保团体所在的社区，企业的毒物排放量会大大降低。

Aroa 和 Gangopadhyay 的垄断理论表明：高收入消费群体更可能把产品的环境友好品质视为一种内在的收益，从而增加对这类产品的需求，该"绿色诉求"从外部驱动了企业承担环境责任、主动内化生产负外部性导致的社会成本。

Chakravory U 在 1995 年指出企业的利益相关者对企业清洁生产模式的实施具有较大的促进作用。并且这种促进作用又在 Zilberman（1998 年）的研究中认为不仅仅是决策者，其他利益相关者如股东及员工等，如果具有清洁生产意识都会对清洁生产的实施产生正向的驱动作用。

Wathey D 和 Gelber M 在 2000 年指出消费者的态度对企业清洁生产模式的影响十分重大，并且为政府制定环保政策提供了较好的理论支持和政策建议。

Reilly M、Wathey D 和 Gelber M 于 2000 年在研究一些大型工业企业和主要的零售商产生的供应链压力是否影响企业采用清洁技术时发现，一定程度上的供应链压力会促进清洁生产的推广。

Kollman 和 Prakash 于 2002 年在考察英国、德国和美国在 EMS 认证上的差别时发现，他们做出认证决策以及采纳哪种认证受到消费者、供应商和规则制定者的影响，消费者权益要求是企业承担社会责任的直接动力之一。

我国学者范建平、梁嘉弊在 2002 年指出顾客在选择商品时更加关注企业的整体形象，更愿意选择那些诚实守信、注重环境保护的企业所生产的商品。马洁在 2006 年研究了消费者对低碳生产所具有的推动力以及和拉动力的双重作用。胡伟在 2006 年指出从企业主体角度来看，企业既是生产者也是消费者，生产产品的同时也在消费上游企业的产品，为了获得更大的市场，就必须适应产业链中上、下游合作伙伴的需求，积极主动地去实施低碳生产。金乐琴、刘瑞等在 2009 年认为我国面临着特定的制约因素，同时也具备一定的潜在优势；在复杂的国际政治经济环境中，必须建设性地参与应对气候变化的进程，在发展战略、政策机制、技术创新等方面积极做好向低碳经济转型的准备。

4. 企业内部因素对于实施低碳生产的影响

从 20 世纪 80 年代开始，国内外学者就企业自身的管理体制、创新能力等因素对于实施低碳生产的影响展开了研究。很多学者支持决策者对企业实施清洁生产有促进作用的观点，如 Caswell、Zilberman（1986 年）和 Shah 等人，Chakravory U（1995 年）的研究中表明：传统的生产技术面临着人们对环境质量日益关注所带来的挑战。清洁技术改进的初期，决策者对新技术选择的态度影响企业对这些技术的采纳率和采纳方式。

Irene. Henriques 和 Perry. Sadorsky 在 1996 年的研究中表明：股东、员工和居民等给企业实施清洁生产的压力会给企业带来潜在的巨大环境风险。

Huhtala、J. J. Bouma、M. Bennett 和 D. Savage 等学者在 2003 年的研究中发现：清洁生产不仅改变原材料、工艺和产品，也能改变企业文化与人的态度。清洁生产可以帮助、教育决策者、项目经理以及员工，提升其可能取得成功的潜力。

著名战略管理学家波特（Porter，1991 年、1995 年）倡导环境规制与企业竞争力之间的“双赢”理念。他的研究证明有效的环境规制在提高企业成本的同时，可通过创新补偿与先动优势等途径为企业创造收益，部分或全部弥补企业承担环境责任的成本，甚至给企业带来更多净收益。双赢理念的提出是建立在包括波特在内的众多学者对各类企业或产业所进行的大量实证分析基础上的。

我国学者胡秀莲等在《中国减缓部门碳排放的技术潜力分析》一文中指出，我国低碳生产普及的主要问题之一是新技术的开发、创新能力以及获得新技术的能力有限。吴林海等 2010 年 6 月在《R&D 投入能力、企业特征、政府作用与工业出口企业低碳生产意愿研究》中研究了工业出口企业的低碳生产意愿与主要影响因素，验证了目前国外研究结论对中国工业出口企业基本具有普遍的适用性。谭玲玲2011年6月在《我国低碳经济发展机制的系统动力学建模》中指出，作为低碳经济发展的驱动因子，技术进步一方面可以提高能源效率、降低能耗、减少碳排放，另一方面，由于存在着技术进步的抵消作用，能源效率的提高可能并未从总体上降低能源消耗。

郭彬、张世英、郭焱等用激励理论和委托—代理模型分析了政府如何从经济角度引导和激励企业发展循环经济；刘彩利等的研究也表明，政府在低碳生产的推广中应该大力宣传低碳生产经济与环境“双赢”的优点，同时注意充分利用市场作用。张其仔等在2006年指出要在现有环境政策与机制的基础上，引入成本有效性分析制度，加强环境保护与科技创新政策整合，进一步完善激励型生态补偿制度。

第二节 研究假定

综合国内外学者的研究成果，并考虑我国铝业生产的具体情况，做出如下假定：

假设一（H1）：政府环境管制对于我国铝业低碳生产模式的实施具有积极的推动作用。

全国人民代表大会发布的《中华人民共和国清洁生产促进法》《中华人民共和国循环经济促进法》，国务院发布的《“十二五”节能减排综合性工作方案》，国家环保总局（现已改为国家环保部）和国家发展和改革委员会及其他9个部门共同制定的《关于加快推行清洁生产的意见》《清洁生产审核暂行办法》《重点企业清洁生产审核程序的规定》以及国家发展和改革委员会发布的《铝行业清洁生产评价指标体系（试行）》等对于我国铝业低碳生产模式的实施具有积极的推动作用。

假设二（H2）：利益相关者的绿色诉求对铝产品市场具有市场拉动作用。

企业的利益相关者包括政府、员工、社区、所有者和消费者等方面。其中，消费者可以是个人，也可以是下游企业。企业为了更好地获利，必须最大限度地满足其利益相关者的利益需求，处理好与相关各方的关系。企业力图使企业的主要利益相关者实现其目标，并合理对待其他利益相关者，令其满意。简单地说，现在的企业重视并逐渐开始清洁生产，并不是一时的头脑发热，应该是其在综合考虑了多种因素下的最优选择。从利益相关者“绿色诉求”方面是清洁生产的动力来源。

假设三（H3）：新闻媒体的正面报道对铝业低碳生产模式实施具有市场拉动作用。

《中国有色金属报》《轻金属》《有色金属加工》《中国铝业》等一系列专业报刊、杂志对铝业低碳生产模式实施方式、状况的宣传、报道有积极的市场拉动作用。

假设四（H4）：市场拉动作用与我国铝企业低碳生产模式的实施正相关。

如果企业依其能力对市场需求予以回应而得到回报，那么对这种回报的着意追求就会给社会带来其所需要的一切。因此，市场那只“看不见的手”可将自我利益转化为社会利益。如果企业尽可能高效率地使用资源以提供社会需要的产品和服务（实施清洁生产），并以消费者愿意支付的价格销售它们，企业就尽到了自己的社会责任。

假设五（H5）：中国有色金属工业协会对我国铝业低碳生产模式的实施有正向的推动力。

中国有色金属工业协会是致力于促进中国有色金属行业科技进步的行业组织，是政府与企业之间的桥梁纽带，根据国家政策法规制定并监督执行行规、行约，通过调查研究为政府制定行业发展规划、产业政策，协助政府主管部门制定、修订本行业国家标准，负责本行业标准的制定、修订和实施监督，开展国际合作与交流等，推动中国有色金属工业持续、稳定、健康发展，对于我国铝业低碳生产模式的实施有正向的推动力。

假设六（H6）：铝企业实施低碳生产模式的动力大小与自身的低碳技术水平正相关。

科学技术的发展和进步为原来不能利用的废物找到了可利用的途径，生产出了有用的产品，或者通过工艺路线的改变和改进使生产过程不再有废物产生。同时，有利于社会化大生产和科技进步的工业政策，特别是有利于经济增长方式由粗放型向集约型转变的技术经济等政策，均可为低碳生产提供必要的条件，而且，铝企业自身的低碳技术水平决定了实施低碳生产模式的动力大小。

假设七（H7）：铝企业采用低碳生产模式的自动力大小与管理体制的健全程度正相关。

企业管理体制是企业生产经营活动的管理机制、管理机构、管理制度的总称。其中，管理机制是指管理系统的结构及运行机理，是加强科学管理的依据；健全的管理组织机构是科学管理的保障；管理制度调节企业管理各方面的协作关系。健全的铝企业管理体制有助于推动本企业实施低碳生产模式，并且其健全程度决定着自动力的大小。

假设八（H8）：我国铝企业自身具有实施低碳生产模式的内在动力。

实施低碳生产模式可以实现“创新补偿”，包括“产品补偿”与“过程补偿”，实施低碳生产模式不仅减少了污染，而且形成了更为环境友好的产品时就产生了产品补偿。当实施低碳生产模式导致更高的资源生产率时，如更高的生产过程收益，则产生了过程补偿。此外，还具有“先动优势”。因此，铝企业自身具有实施低碳生产模式的内在动力。

据此，我国铝业低碳生产模式综合驱动力分析模型如图 9-1 所示。

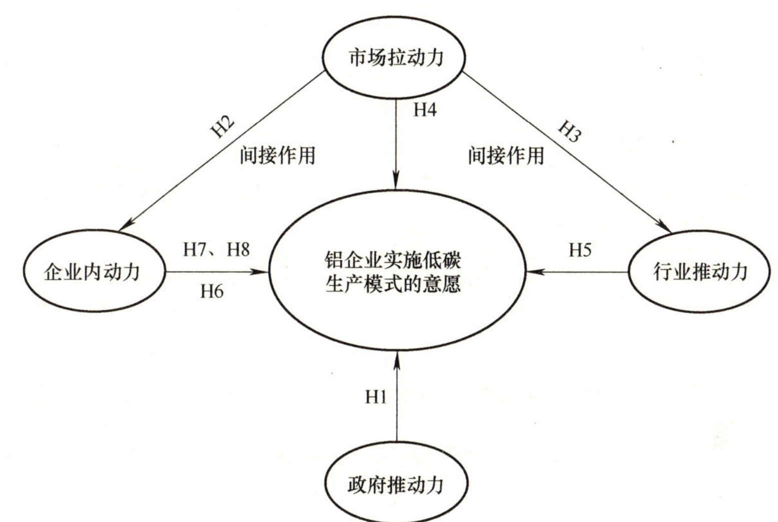

图 9-1 我国铝业低碳生产模式综合驱动力分析模型

第三节 研究量表设计

本节从我国铝业发展现状出发，根据国内外关于工业企业低碳生产的相关研究文献对我国铝业实施低碳生产模式的影响因素进行了细致分析，构建了我国铝企业实施低碳生产模式的综合驱动力模型。

驱动因素由政府推动力、市场拉动力、行业推动力、企业内动力四个因子构成，具体情况如下：

1）由于命令—控制型环境保护政策仍是世界各国环境管制最主要的手段，并且直接作用于低碳生产，政府推动力发挥着最重要的推动作用。

2）市场拉动力作为显变量因子，间接作用于铝业低碳生产模式的实施，却直接作用于铝企业本身及铝企业生存、发展的市场。市场拉动力包括消费者绿色诉求及新闻媒体对铝企业的绿色正面报道两个潜变量因子。

3）作为政府与企业之间的桥梁纽带，中国有色金属工业协会的行业推动力具有不可替代的作用，也作为潜变量因子进行分析。

4）企业内动力包括铝企业管理体制、铝企业的低碳技术水平等潜在变量因子，用以分析、研究我国铝企业实施低碳生产的意愿。

综上所述，我国铝业实施低碳生产模式的驱动因素共分为政府推动力、铝行业推动力、消费者绿色诉求、市场拉动力、企业内动力、新闻媒体的绿色正面报道、铝企业管理体制、铝企业的低碳技术水平和铝企业实施低碳生产模式的意愿

9 个因子，并以此为基础进行模型分析，如图 9-2 所示。

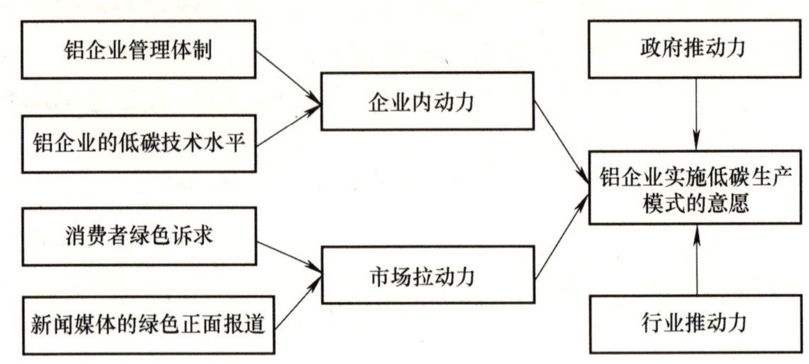

图 9-2 我国铝业低碳生产模式综合驱动力分析模型因子图

根据我国铝业的特点，逐个修改和开发变量的问卷衡量题项，并完成研究问卷的设计。问卷主体采用 Likert 五级量表法，从不同意到同意分为 5 级，要求被调查人按照五级量表，即 1—不同意、2—不太同意、3—不确定、4—基本同意、5—同意进行打分，根据企业发展自身情况及制度体系进行填写。

为了达到最佳的调查效果，调查问卷没有局限于简单的打分，而是将每道问题的 5 个选项具体化为 28 个测量指标，便于被访者理解以选取最佳的答案，并据此对铝企业实施低碳生产的驱动力因素予以实证性研究，问卷测试指标变量替代见表 9-1。

表 9-1 问卷测试指标变量替代

因子变量	测量指标	变量替代	Amos 模拟变量
铝行业推动力	“绿色供应”的需求越来越突出	A_1	a1
	铝业的规模经济效应决定了行业实施低碳生产模式是可行的	A_2	a2
	低碳改进能够促进全行业的碳排相应成比例地减少	A_3	a3
政府推动力	环保法规、低碳排放管理条例能够促进企业的低碳生产	B_1	a4
	政府对碳排放超标企业严厉处治措施强化	B_2	a5
	企业实施的碳税排放标准能够促进企业低碳生产	B_3	a6
	鼓励企业采用低碳生产模式的财政补贴	B_4	a7
	官方的低碳生产模式指导机构将极大地促进低碳生产模式的实施	B_5	a8

（续）

因子变量	测量指标	变量替代	Amos 模拟变量
消费者绿色诉求	保权益观念的增强，原铝生产企业周边社区居民越来越关注“三废”	C_1	a9
	原铝生产企业周边社区居民越来越关注碳排放量对大气臭氧层的影响	C_2	a10
	消费者越来越看重铝制品是否标注有低碳环保标志	C_3	a11
	社会中“责任感”消费群体比例有增大的趋势	C_4	a12
	消费者会根据生产铝产品的企业低碳声誉来选择铝产品	C_5	a13
新闻媒体的绿色正面报道	媒体的关注、企业开展低碳生产的努力直接关系到企业的公众形象	D_1	a14
	消费者会受到媒体的影响，相信媒体的正面报道	D_2	a15
铝企业管理体制	企业愿意吸纳新技术人才进行低碳技术创新	E_1	a16
	降低碳排放量，同时也可以降低企业的生产实施成本	E_2	a17
	低碳生产审核方法程序的规范性、可操作性影响着企业的低碳生产	E_3	a18
市场拉动力	环保声誉越好，越容易招募到优秀的人才	F_1	a19
	环保声誉越好，顾客越忠诚于企业的产品	F_2	a20
	环保声誉越好，企业的商业合作网络越稳固	F_3	a21
铝企业的低碳技术水平	企业有无一套成体系的低碳生产投入模式和实施方案非常重要	G_1	a22
	企业决策者有多种途径获得低碳生产方面的技术和政策信息	G_2	a23
	对开展低碳生产有突出贡献的部门和个人实施适当的物质和精神奖励	G_3	a24
企业内动力	雄厚的技术实力更有可能促使企业选择低碳生产工艺	H_1	a25
	企业及企业决策者愿意承担社会、环境责任	H_2	a26
铝企业实施低碳生产模式的意愿	通过生态标签、环境协议及环境管理系列标准的认证与审计来实施低碳生产	I_1	a27
	通过实施低碳生产实现可持续发展已成为企业的战略目标的一部分	I_2	a28

第四节 样本结构分析

本研究采用问卷调查的形式，发放对象主要是我国大、中型铝企业，发放问卷800份，回收问卷695份，剔除无效及信息不全的问卷，共回收有效问卷647份。总计有效问卷回收率为79%，其结果见表9-2。

表9-2 问卷样本回收分析

方 式	发放问卷	回收问卷	有效问卷	有效问卷率
邮件发放	130	44	14	31%
网络调查	174	156	138	88%
电话访谈	496	495	495	100%
共计	800	695	647	79%

本研究以SPSS17.0与Amos18统计软件包作为分析工具。首先，对问卷进行描述性统计分析，然后应用SPSS统计软进行信度和效度的分析，再利用Amos软件进行结构方程模型分析，探究模型中变量间的影响关系。

一、描述性统计分析

描述性统计分析是进行其他统计分析的基础和前提，旨在把握数据的整体特征，从而选择更为深入的统计方法。本文根据铝企业分布、主营业务范围、研究变量对问卷进行描述性统计，分析结果见表9-3、表9-4、表9-5。

表9-3 调查问卷的铝企业分布描述性统计表

采集样本的铝企业分布	地 域	样 本 数	所占百分比	累计百分比
所在地区	华东	377	58.24%	58.24%
	华中	65	9.98%	68.22%
	华南	83	12.76%	80.98%
	华北	32	4.87%	85.85%
	西北	14	2.09%	87.94%
	东北	62	9.51%	97.45%
	西南	11	1.62%	99.07%
	其他	6	0.93%	100.00%

表 9-4　调查问卷的铝企业主营业务范围描述性统计表

铝企业主营业务范围	所占百分比
铝全流程	5%
电解铝	14%
电解铝及铝加工	19%
氧化铝、电解铝及铝加工	14%
铝加工	48%

表 9-5　调查问卷的研究变量描述性统计表

变　量	N	平 均 值	标 准 差	众　数
行业推动力	647	2.58	1.068	4
政府推动力	647	2.93	1.021	3
消费者绿色诉求	647	3.51	0.987	3
新闻媒体的绿色正面报道	647	4.15	1.096	4
铝企业管理体制	647	4.03	1.126	5
市场拉动力	647	3.95	1.068	2
铝企业的低碳技术水平	647	2.68	1.005	3
企业内动力	647	3.53	1.116	5
铝企业实施低碳生产模式的意愿	647	3.61	1.124	4

二、数据信度分析

信度即可靠性，是指衡量工具的正确性或精确性，包含测验结果的稳定性及一致性两方面内容。

为了确保本问卷内容在所属构面中的测量结果具有高度的一致性，下文采用 Wortzel 在 1979 年所提出的 Cronbach's α 系数（克隆巴赫系数）来作为判断的依据衡量问卷内容项目的一致性程度，当 $\alpha \geq 0.7$ 时，认为具有高信度；当 α 介于 0.35 ~ 0.7 之间时，认为具有适中的信度；当 $\alpha \leq 0.35$ 时，认为具有低信度。一般情况下，$\alpha > 0.5$ 就可以说明信度尚可。

将数据应用于 SPSS17.0 中得出表 9-6 的数据。

表 9-6　潜变量信度检验

潜 变 量	项　数	α 系 数
行业推动力	3	0.846
政府推动力	5	0.897
消费者绿色诉求	5	0.869

（续）

潜变量	项数	α 系数
新闻媒体的绿色正面报道	2	0.945
铝企业管理体制	3	0.945
市场拉动力	3	0.612
铝企业的低碳技术水平	3	0.804
企业内动力	2	0.898
铝企业实施低碳生产模式的意愿	2	0.805

可见，各个变量因子的信度均不错，仅市场拉动力的信度为0.612，相对较低，但也高于一般水平。除此之外，28个问题项的综合信度分析 Cronbach's α 为0.890，大于0.7，证明总体数据信度较好，数据可用性较好。

三、数据效度分析

效度分析旨在探究内在因素结构的有效性，主要用于衡量量表的正确性，一般分为内容效度与建构效度两种。

从内容效度分析，本研究问卷的设计基于相关理论研究，且参考了相关量表设计，并经过汇整、转换、修改、反复斟酌问卷的内容及题意，形成最终的问卷，因此，其内容效度较高。

建构效度又分为收敛效度与区别效度。Anderson 和 Gerbing 在1988年对 SEM 应用中效度的衡量方法进行总结后提出，因子负荷显著性≥0.70、拟合指标 fit index≥0.90，则可认为模型同时具备了较高的收敛效度和区别效度。

本文采用收敛效度和区别效度来检验建构效度，对测量进行验证性因子分析，如果每个题项对其所在潜变量的估计参数值都具有统计意义，则符合收敛有效性；如果两个潜变量的相关系数加减标准差的两倍不包含1，表明数据具有较好的区别效度。

由于在对各因素进行测量时，本文参考了国内外学者认同度较高的研究成果和结论而并非是完全引用，因此本研究需要先采用探索性因子分析检验建构效度，在结构关系形成后，再采用验证性因子分析检验建构效度。

效度分析主要是做因子分析，研究因子载荷。分为探索性因素分析和验证性因子分析两种情况。本文的研究是在 SPSS 软件与 Amos 软件中分别进行的。

（一）探索性因子分析（EFA）

本研究运用 SPSS17.0 进行探索性因子分析，KMO 为0.875，并通过 Bartlett's 球形检验（$p<0.000$），可以说明本文数据具备因子分析的基本条件。采用主成分因子分析方法，强制提取了7个因子为主成分，采用方差最大化正交旋转，首先

对问卷回收的28个题项数据做探索性因子分析，结果见表9-7、表9-8、表9-9。

表9-7　KMO和Bartlett的检验

取样足够度的 Kaiser-Meyer-Olkin 度量		0.875
Bartlett 的球形度检验	近似卡方	2 561.175
	df	378
	Sig.	0.000

表9-8　解释的总方差

成　分	初始特征值			提取平方和载入			旋转平方和载入		
	合计	方差的%	累积%	合计	方差的%	累积%	合计	方差的%	累积%
1	10.051	35.895	35.895	10.051	35.895	35.895	9.002	32.151	32.151
2	3.008	10.743	46.638	3.008	10.743	46.638	3.246	11.594	43.745
3	1.939	6.925	53.563	1.939	6.925	53.563	1.976	7.058	50.804
4	1.587	5.666	59.229	1.587	5.666	59.229	1.867	6.668	57.472
5	1.436	5.127	64.356	1.436	5.127	64.356	1.622	5.793	63.265
6	1.198	4.277	68.634	1.198	4.277	68.634	1.327	4.741	68.006
7	1.110	3.966	72.600	1.110	3.966	72.600	1.286	4.593	72.600
8	0.931	3.325	75.924						
9	0.868	3.098	79.023						
10	0.750	2.679	81.702						
11	0.686	2.450	84.152						
12	0.567	2.025	86.177						
13	0.514	1.835	88.012						
14	0.454	1.622	89.634						
15	0.379	1.352	90.987						
16	0.341	1.217	92.203						
17	0.317	1.133	93.337						
18	0.285	1.018	94.355						
19	0.252	0.901	95.256						
20	0.229	0.818	96.074						
21	0.193	0.688	96.762						
22	0.184	0.659	97.421						
23	0.166	0.594	98.014						
24	0.151	0.540	98.554						
25	0.148	0.529	99.083						
26	0.107	0.382	99.465						
27	0.076	0.271	99.736						
28	0.074	0.264	100.000						

注：提取方法为主成分分析法。

表 9-9 因子分析的系数矩阵

Amos 模拟变量	替代变量	成分						
		1	2	3	4	5	6	7
a1	A_1	0.836	-0.167	-0.101	0.161	-0.119	-0.035	0.035
a2	A_2	0.818	-0.117	-0.088	0.199	-0.071	-0.027	-0.087
a3	A_3	0.609	0.143	0.059	0.241	0.122	0.035	-0.237
a4	B_1	0.592	0.402	0.043	-0.163	0.042	-0.080	0.053
a5	B_2	0.675	0.513	0.086	-0.209	-0.009	0.097	-0.163
a6	B_3	0.581	0.525	-0.022	-0.238	-0.101	0.168	-0.102
a7	B_4	0.602	0.552	0.022	-0.286	-0.046	0.281	-0.064
a8	B_5	0.563	0.532	0.101	-0.216	0.019	0.250	-0.003
a9	C_1	0.862	-0.065	0.030	0.020	-0.091	0.002	0.029
a10	C_2	0.779	-0.109	-0.013	0.015	-0.104	-0.015	0.059
a11	C_3	0.580	-0.112	0.007	-0.213	0.030	0.047	-0.233
a12	C_4	0.774	-0.203	-0.154	-0.037	-0.109	-0.020	0.116
a13	C_5	0.667	-0.228	-0.017	-0.205	-0.302	-0.043	0.087
a14	D_1	0.133	0.683	-0.363	0.398	-0.130	-0.271	0.257
a15	D_2	0.056	0.703	-0.384	0.334	-0.108	-0.278	0.252
a16	E_1	0.898	-0.245	-0.047	0.029	-0.117	0.004	0.078
a17	E_2	0.855	-0.264	-0.042	0.043	-0.034	-0.053	0.177
a18	E_3	0.784	-0.322	-0.052	-0.003	-0.105	-0.030	0.170
a19	F_1	0.077	-0.186	0.117	-0.258	0.428	0.046	0.657
a20	F_2	-0.438	0.464	0.023	-0.214	0.385	-0.070	0.183
a21	F_3	0.480	-0.022	0.082	-0.225	0.361	0.088	0.254
a22	G_1	0.433	0.040	0.076	0.351	0.594	-0.084	-0.337
a23	G_2	0.718	-0.157	0.040	0.200	0.334	-0.179	0.022
a24	G_3	0.645	-0.003	0.081	0.143	0.454	-0.107	-0.119
a25	H_1	0.098	0.167	0.866	0.167	-0.202	-0.190	0.091
a26	H_2	0.036	0.169	0.880	0.117	-0.186	-0.189	0.092
a27	I_1	0.068	0.095	0.165	0.559	0.020	0.500	0.136
a28	I_2	-0.154	-0.040	0.008	0.381	-0.027	0.680	0.184

注：提取方法为主成分分析法。已提取了 7 个成分。

（二）验证性因子分析（CFA）

在验证性因子分析中，由于观测变量（指标）所隐含的因子本身没有单位，不设定其度量单位（Scale）则无法计算。设定因子度量单位的做法有两种：一种是将所有因子的方差固定为1，简称为固定方差法；另一种是在每个因子中选择一个负荷固定为1，简称为固定负荷法。本文运用 LISREL8.70，采用固定负荷法（每一个潜变量的第一个测量题项的因子载荷固定为1，结果不显示 t 检验值）进行验证性因子分析，模型拟合水平上看，经过 χ^2 检定，P-value 为0.00 小于参考值0.05，达到显著性水平，$\chi^2/df=2.48$，小于3，说明模型数据拟合较好。

一般认为，如果 RMR 和 RMSEA 在 0.07 以下（越小越好），GFI、NFI、NNFI 和 CFI 在0.9 以上（越大越好），此时模型拟合较好。本研究模型 RMR = 0.073，RMSEA = 0.071，NFI = 0.92，NNFI = 0.87，CFI = 0.88，表明模型拟合较好。AGFI 取值在0.9 以上表示模型拟合程度非常好，在 0.8 以上则表明模型拟合较好，本研究模型 AGFI 为 0.7，表明模型拟合度可以接受。简要拟合度指标 PNFI 和 PGFI 分别为0.78 和0.67，均大于建议值0.5，表示模型拟合好。

通过 Amos 软件对模型进行估计和路径计算，结果如图 9-3 所示，效度拟合指数的评价标准见表9-10。我国铝业低碳生产模式综合驱动力分析模型的拟合参数表明，问卷调查的数据有较好的拟合度。

表 9-10 效度拟合指数的评价标准表

研究指数名称		评价的标准
绝对拟合指数	χ^2（卡方）	越小越好
	GFI	大于0.9
	RMR	小于0.05，越小越好
	SRMR	小于0.05，越小越好
	RMSEA	小于0.05，越小越好
相对拟合指数	NFI	大于0.9，越接近1越好
	TLI	大于0.9，越接近1越好
	CFI	大于0.9，越接近1越好
信息指数	AIC	越小越好
	CAIC	越小越好

由表9-10 中可以看出，给出的是拟合指数的最优标准，如对于 RMSEA，其值小于0.05 的时候表示该模型的拟合较好，在0.05 ~ 0.08 的范围内，均表示模型拟合尚可。本问卷调查效度分析结果见表9-11。

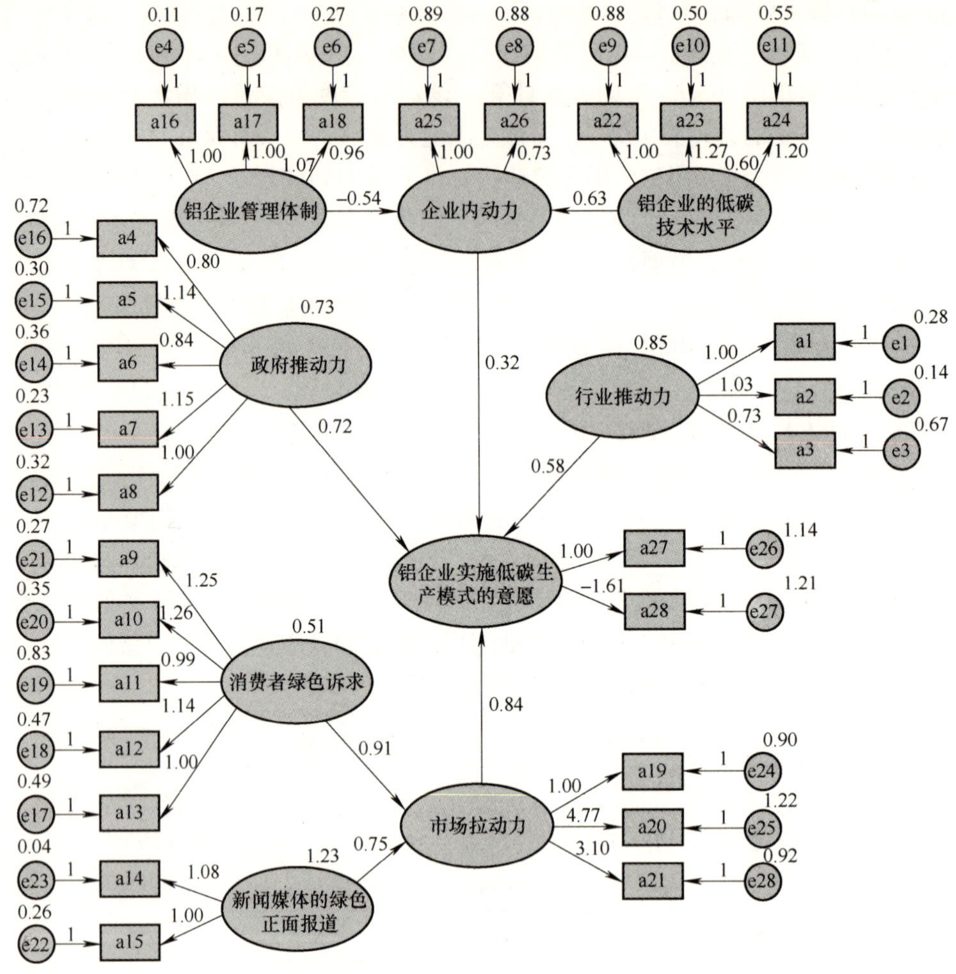

图 9-3 Amos 软件结论路径系数图

表 9-11 问卷调查效度分析结果表

拟 合 指 数	CFI	NFI	CFI	RMSEA	AIC	BCC	EVCI
结果	0. 832	0. 857	0. 811	0. 079	17. 51	429. 378	2. 834

CFI、NFI、CFI 指标效果相对较好，而 RMESA 的指标也在可接受的范围之内。绝对拟合指标、相对拟合指标、简约拟合指标对模型结果进行了衡量，结果显示，模型拟合指数均较好，简约拟合指标中 χ^2/df 值为 2. 463，效度满足研究要求。

四、综合驱动力模型分析

将综合驱动力模型输入到 Amos 软件中，并设置好相应的 8 个潜变量（政府推动力、铝行业推动力、消费者绿色诉求、市场拉动力、企业内动力、新闻媒体对铝企业的绿色正面报道、铝企业管理体制、铝企业的低碳技术水平）及 1 个观测变量（铝企业实施低碳生产模式的意愿），从 Amos 软件输出的结果如图 9-3 所示，各题项对潜变量的反应的显著程度见表 9-12，路径系数值与 P 值输出表见表 9-13。

表 9-12　各题项对潜变量的反应的显著程度

a1	←	行业推动力	1.000			
a2	←	行业推动力	1.028	0.099	10.400	***
a3	←	行业推动力	0.730	0.093	7.883	***
a16	←	铝企业管理体制	1.000			
a17	←	铝企业管理体制	0.996	0.050	19.866	***
a18	←	铝企业管理体制	0.964	0.056	17.288	***
a25	←	企业内动力	1.000			
a26	←	企业内动力	0.732	0.754	0.970	**0.332**
a22	←	铝企业的低碳技术水平	1.000			
a23	←	铝企业的低碳技术水平	1.268	0.181	6.988	***
a24	←	铝企业的低碳技术水平	1.195	0.171	6.995	***
a8	←	政府推动力	1.000			
a7	←	政府推动力	1.153	0.91	12.718	***
a6	←	政府推动力	0.843	0.083	10.101	***
a5	←	政府推动力	1.137	0.093	12.173	***
a4	←	政府推动力	0.805	0.104	7.750	***
a13	←	消费者绿色诉求	1.000			
a12	←	消费者绿色诉求	1.139	0.140	8.154	***
a11	←	消费者绿色诉求	0.987	0.150	6.570	***
a10	←	消费者绿色诉求	1.258	0.142	8.870	***
a9	←	消费者绿色诉求	1.251	0.137	9.096	***
a15	←	新闻媒体的绿色正面报道	1.000			
a14	←	新闻媒体的绿色正面报道	1.076	0.182	5.923	***
a19	←	市场拉动力	1.000			
a20	←	市场拉动力	-4.769	3.229	-1.477	**0.140**
a27	←	铝企业实施低碳生产模式的意愿	1.000			
a28	←	铝企业实施低碳生产模式的意愿	-1.610	2.515	-0.640	**0.522**
a21	←	市场拉动力	3.101	2.145	1.446	**0.148**

表 9-13 路径系数值与 P 值输出表

项目			估值	S. E.	C. R.	P 值	假设	结果
企业内动力	←	铝企业管理体制	-0.051	-0.796	-1.064	0.337	H2	拒绝
企业内动力	←	铝企业的低碳技术水平	0.179	1.542	6.116	0.0092	H3	支持
市场拉动力	←	新闻媒体的绿色正面报道	0.044	1.37	8.032	0.0075	H4	支持
市场拉动力	←	消费者绿色诉求	0.173	1.501	6.125	0.0081	H5	支持
铝企业实施低碳生产模式的意愿	←	企业内动力	0.325	0.586	0.554	0.274	H6	拒绝
铝企业实施低碳生产模式的意愿	←	行业推动力	0.036	0.52	4.07	0.023	H7	支持
铝企业实施低碳生产模式的意愿	←	市场推动力	0.002	0.006	2.399	0.094	H8	支持
铝企业实施低碳生产模式的意愿	←	政府推动力	0.056	0.639	4.087	0.015	H1	支持

其中，“政府推动力”对“铝企业实施低碳生产模式的意愿”的路径影响系数为 0.72，CR 值为 4.087，P 值为 0.015，即 P 值<0.05，推动作用显著。

“新闻媒体的绿色正面报道”对“市场驱动力”潜变量路径影响系数为 0.75，CR 值为 8.032，P 值为 0.0075，即 P 值<0.01，驱动作用非常显著；“消费者绿色诉求”对“市场驱动力”潜变量的路径影响系数为 0.91，CR 值为 6.125，P 值为 0.0081，即 P 值<0.01，驱动作用非常显著。“市场拉动力”对“铝企业实施低碳生产模式的意愿”路径影响系数为 0.84，CR 值为 2.399，P 值为 0.094，即<0.1，推动作用较为显著。

“行业推动力”对“铝企业实施低碳生产模式的意愿”潜变量路径影响系数为 0.58，CR 值为 4.07，P 值为 0.023，即<0.05，推动作用显著。

“铝业管理体制”对“企业内动力”的路径系数为 -0.54，CR 值为 -1.064，相应的 P 值为 0.337，即>0.1，其驱动作用不显著；“铝企业的低碳技术水平”对“企业内动力”的路径影响系数为 0.63，CR 值为 6.116，P 值为 0.0092，即 P 值<0.01，驱动作用非常显著。“企业内动力”对“铝企业实施低碳生产模式的意愿”潜变量的路径影响系数为 0.32，CR 值为 0.554，P 值为 0.274，即 P 值>0.1，其对低碳生产的推动作用不显著。

根据以上的假设检验结果可见，通过运用相关软件对调研数据进行分析处理，除其中铝企业管理体制对企业内动力的驱动作用不明显、企业内动力对铝企业实施低碳生产模式的意愿的推动作用不显著以外，其结果支持了大部分的假设命题，现有的研究成果得到了有效验证。

通过以上研究，得出以下几点结论：

1）人类的经济活动以至人类的生存都是离不开环境的。保护好人类赖以生产、生存的生态环境，是推进工业企业实施低碳生产模式的根本动因。鉴于铝业生产的高能耗、高碳排放特征，全面推进我国铝业节能减排，促进其由传统的线性生产模式、末端治理模式向低碳生产模式的转变具有极其重要的现实意义。

2）鉴于低碳技术水平对铝企业内动力的作用非常显著，一方面需要积极引进西方发达国家的先进技术，另一方面必须实现我国低碳技术的自主创新，在不断增加企业创新投入的同时，也需要关注创新效率改善，这就需要针对不同区域的特点，有针对性地采取相关对策。

3）新闻媒体的绿色正面报道、消费者绿色诉求、市场拉动力的作用非常显著，应采取“强者恒强”策略，鼓励新闻媒体的绿色正面报道并支持消费者绿色诉求，增强市场拉动力。

4）由于市场拉动力、行业推动力、政府推动力对低碳生产的推动作用显著，市场这只“无形的手”与政府这只“有形的手”两手都要抓、两手都要硬；此外，还要加强中国有色金属工业协会建设，充分发挥其桥梁作用。

5）铝企业管理体制对企业内动力的驱动作用不明显、企业内动力对铝企业实施低碳生产模式的意愿的推动作用不显著等说明了实施低碳生产的瓶颈或短板所在，必须强化“瓶颈管理”，即大力加强企业管理体制建设、不断完善低碳管理体制，从而消除瓶颈、克服短板，增强企业实施低碳生产的内动力。

参考文献

[1] 中国有色金属工业协会．中国有色金属工业年鉴 2010 [M]．北京：中国有色金属工业协会，2010.

[2] 2012 年我国有色金属工业运行情况分析及 2013 年形式展望[EB/OL].[2013-02-18]. http://www.chinania.org.cn/html/hangyetongji/tongji/2013/0218/11258.html.

[3] 陈伟强，石磊，钱易．2005 年中国国家尺度的铝物质流分析 [J]．资源科学，2008，30 (9)：1320-1326.

[4] 中国有色金属工业协会．中国有色金属工业年鉴 2011 [M]．北京：中国有色金属工业协会，2011.

[5] 杨昇．铝电解技术问答 [M]．北京：冶金工业出版社，2009.

[6] 熊慧．未来五年我国废铝供应预测 [J]．资源再生，2009 (9)：23-26.

[7] 王文东，杨宏伟，王晓昌，等．基于化学反应动力学的饮用水铝形态分布模型研究 [J]．环境科学，2010，31 (4)：976-982.

[8] 邱竹贤．铝电解原理与应用 [M]．徐州：中国矿业大学出版社 1998.

[9] Geiser K. Cleaner production perspectives for the next decade. UNEP's 6th international high-level seminar on cleaner production [C]. Montreal, Canada, Oct. 2000.

[10] 徐瑞娥．当前我国发展低碳经济政策的研究综述 [J]．经济研究参考，2009，(11) 2：36-42.

[11] DC J D, HAN W J, PENG Y H, et al. Potential for reducing GHG emissions and energy consumption from implementing the aluminum intensive vehicle fleet in China [J]. Energy, 2010, 35 (12)：4671-4678.

[12] MCMILLAN C A, KEOLElAN G A. Not all primary aluminum is created equal：life cycle greenhouse gas emissions from 1990 to 2005 [J]. Environ Sci Technol, 2009 , 43 (5)：1571-1577.

[13] 王小五，华赍．中国电解铝工业的多因素综合生命周期评价．轻金属 [J]，2005，(6)：3-36.

[14] 张文娟，李会泉等．我国原铝冶炼行业温室气体排放模型 [J]．环境科学研究，2013，26 (10)：1132-1138.

[15] 沈能，潘雄锋．基于三阶段 DEA 模型的中国工业企业创新效率评价 [J]．数理统计与管理，2011，5：846-855.

[16] 张培刚．微观经济学的产生和发展 [M]．长沙：湖南人民出版社，1997.

[17] 厉以宁，章铮．环境经济学 [M]．北京：中国计划出版社，1995.

[18] Lee Failing, Trent Berry. From equipment to infrastructure：community energy management and greenhouse gas emission reduction [J]. Energy Policy, 1997, 25 (13), 1065-1074.

[19] Paul H, Helmut R. Practical Handbook of Material Flow Analysis [M]. DC：Lewis Publishers, 2004：13-18.

[20] Leontief W. The Structure of the American Economy, [M]. White Plains , N. Y：International

Arts and Sciences Press (now M. E. Sharpe), 1977.

[21] Ayres RU. Resources, Environment and Economics: Applications of the Materials/Energy Balance Principle [M]. New York : John Wiley&Sons Ltd, 1978.

[22] M T Melo. Statistical analysis of metal scrap generation: The case of aluminum in Germany [J]. Resources, Conservation and Recycling, 1999, 26 (2): 91-113.

[23] Graedel T E, Beers D V, Bertram M, et al. Multilevel Cycle of Anthropogenic Copper [J]. Environmental Science&Technology, 2004, 38 (4): 1242-1252.

[24] 张天柱，石磊，贾小平. 清洁生产导论 [M]. 北京：高等教育出版社，2006.

[25] Consoli F, Boustead I, Fava J, etal. Guidelines for life-cycle assessment:"a code of practice" SETAC, Brussels, 1993, 58.

[26] ARROW KENNETH J, et a1. Is there a role for benefit-cost analysis in environmental, health, and safety regulation [J]. Science, 1996, 272 (12): 221-222.

[27] HAHN ROBERTW, et a1. Assessing the quality of regulatory impact analyses [R]. Working Paper 00—1, Washington, DC: AEI-Brookings Joint Center for Regulatory Studies, 2000.

[28] CORNES R SHARD, SANDLER " IODD. The theory of extemalities, public goods, and club goods [M]. Cambridge, England: Cambridge University Press, 1986. 2。

[29] Michael Hazilla, Raymond John. kopp Social costofenvironmental quality regulations: a general equilibrium analysis [J]. Journal of Political Economy, 1990, 98 (4): 853-873.

[30] 张友国，郑玉歆. 中国排污收费征收标准改革的一般均衡分析 [J]. 数量经济技术经济研究，2005 (5): 3-16.

[31] Glanessi Leonard P, Peskin Henrym, Wolff Edward. The distributional effects of uniform air pollution policy in the United States [J]. Quarterly Journal of Economics, 1979, 93 (2): 281-301.

[32] 赵贺春，郑永忠. 工业发展模式与环境绩效之关系研究 [J]. 北方工业大学学报，2002，(6): 5-11.

[33] 迈克尔，阿尔玛. 环境营销 [M]. 王思进，等译. 北京：中国机械出版社，2000.

[34] 尤金·奥德姆. 生态学基础 [M]. 北京：高等教育出版社，2008.

[35] 陈毓圭. 环境会计和报告的第一份国际指南：联合国国际会计和报告标准政府间专家工作 [J]. 会计研究，1995，8.

[36] 王辉民，聂菲，谭民强. 我国氧化铝工业节能减排途径分析 [J]. 环境保护. 2008 (10): 4-7.

[37] 黄茜蕊，黄仲权. 我国铝资源、铝工业现状、问题与发展 [J]. 矿产保护与利用. 2007 (03): 11-15.

[38] 汪利平，于秀玲. 清洁生产和末端治理的发展 [J]. 中国人口资源与环境，2010，428-431.

[39] 高红贵. 环境管制：两种发展观视域下的比较分析 [J]. 武汉理工大学学报：社会科学版，2007，(6): 339-342.

[40] Manahan S E. Industrial ecology: environmental chemistry and hazardous waste [M]. Boca Ra-

ton: Lewis publishers, 1999.

[41] 莱斯特·R·布朗. 生态经济革命—拯救地球和经济的五大步骤 [M]. 台北: 扬智文化事业股份有限公司, 1999.

[42] 莱斯特·R·布朗. 生态经济—有利于地球的经济构想 [M]. 台北: 东方出版社, 2002.

[43] Department of Trade and Industry. Our energy future: creating a low carbon economy. [R]. ENERGY WHITE PAPER, 2003.

[44] 潘家华, 庄贵阳, 等. 低碳经济的概念辨识及核心要素分析 [J]. 国际经济评论, 2010 (4): 88-93.

[45] Julian M, Allwood, Jonathan M, et al. Options for Achieving a 50% Cut in Industrial Carbon Emissions by 2050 [J]. Environmental Science & Technology, 2010, 4 (1): 888-894.

[46] 吴广谋, 盛昭翰. 系统与系统方法 [M]. 南京: 东南大学出版社, 2000.

[47] 郝英奇, 刘金兰. 动力机制研究的理论基础与发展趋势 [J]. 暨南大学学报: 哲学社会科学版, 2006 (6): 50-56.

[48] 孙耀君. 西方管理学名著提要 [M]. 南昌: 江西人民出版社, 1995.

[49] Genevieve M, Perron, Raymond P, et al. Duffy Improving environmental awareness straining in business [J]. Journal of Cleaner Production, 2006 14, (6-7): 551-562.

[50] 盛洪. 现代制度经济学: 上册 [M]. 北京: 北京大学出版社, 2003.

[51] Levy D. The Environmental practices and Performance of Transnational Corporations [J]. Transnational Corporations, 1995 (2): 44-50.

[52] Florida, Davison. Gaining from green management: Environmental management systems inside and outside the factory [J]. California Management Review, 2001 (3): 64.

[53] Carol Boyle. Cleaner production in New Zealand [J]. Journal of Cleaner Production, 1999, 7 (1): 59-67.

[54] 张嫚. 环境规制与企业行为间的关联机制研究 [J]. 财经问题研究, 2005 (4): 34-39.

[55] 刘丽敏, 杨淑娥. 生产者责任延伸制度下企业外部环境成本内部化的约束机制探讨 [J]. 河北大学学报: 哲学社会科学版, 2007, 32 (3): 79-82.

[56] 林仲豪, 高红贵. 企业环境社会责任及践行途径 [J]. 统计与决策, 2008, (17): 172-174.

[57] Beverley Thorpe. The role of NGOs and the public to promote cleaner production [J]. Journal of Cleaner Production, 1994, 2 (3-4): 153-162.

[58] 贾生华, 陈宏辉. 基于利益相关者共同参与的战略性环境管理 [J]. 科学学研究, 2002 (2): 209-213.

[59] Ulrich Steger. 环境管理的战略思维 [M]. 鲁炜, 译. 合肥: 中国科学技术大学出版社, 2006.

[60] Reilly M, Wathey D, Gelber M. ISO 14031: effective mechanism to environmental performance evaluation [J]. Corp Environ Strategy, 2000 (7): 26-73.

[61] Kollman. Prakash. EMS-based environmental regimes as club goods: Examining variations in

firm-level adoption of ISO 14002 and EMAS in U. K. [J]. U S and Germany Policy Sciences, 2002 (35): 43-53.

[62] 范建平，梁嘉骅．企业生态系统及其复杂性探讨 [J]. 科技导报，2002 (3): 13-17.

[63] 马洁．以环境为导向重构企业管理体系的研究 [J]. 经济问题探索，2006 (4): 73-77.

[64] 胡伟．企业生态系统与企业发展模式选择 [J]. 企业活力-管理理论，2006 (12): 76-77.

[65] 金乐琴，刘瑞．低碳经济与中国经济发展模式转型 [J]. 经济问题探索，2009 (1): 84-87.

[66] Caswell, Zilberman. The Effects of Well Depth and Land Quality on the Choice of Irrigation Technology [J]. American Journal of Agriculture Economics, 1986 (68): 798-811.

[67] Irene, Henriques, Perry. The Determinants of an Environmentally Responsive Firm: An Empirical Approach [J]. Journal of Environmental Economics and Management, 1996 (30): 381-395.

[68] Huhtala, J J Bouma, M Bennett, D Savage. Human resource development initiatives to promote sustainable investment [J]. Journal of Cleaner Production, 2003, 11 (6): 677-681.

[69] Michael Porter. Competitive advantage [M]. Beijing: Huaxia Publishing House, 1997. ·

[70] 胡秀莲，刘强，姜克隽．中国减缓部门碳排放的技术潜力分析 [J]. 中外能源 2007 (8): 2-8.

[71] 宋世涛，魏一鸣，范英．中国可持续发展问题的系统动力学研究进展 [J]. 中国人口、资源与环境，2004 (14): 42-48.

[72] 郭彬，张世英，郭焱，等．政府引导企业发展循环经济的激励机制分析 [J]. 中国地质大学学报：社会科学版，2005, 5 (3): 22-25.

[73] 刘彩利，王京芳，薛斌．环境经济手段对企业实施清洁生产的驱动机制 [J]. 软科学，2005, 19 (5): 27-30.

[74] 张其仔，郭朝先，孙天法．中国工业污染防治的制度性缺陷及其纠正 [J]. 中国工业经济，2006 (8): 29-35.

[75] Gugor A, Gupta S M. Issues in environmentally conscious manufacturing and product recover: a survey [J]. *Computers & Industrial Engineering*, 1999 (36): 811-853.

[76] Sivasubramanian R, Selladurai V, Gunasekaran A. Utilization of bottleneck resources for profitability through a synchronized operation of marketing and manufacturing [J]. *Integrated Manufacturing*, 2003, 14 (3): 238-246.

[77] Okazaki Y, Mishima N, Ashida K. Microfactory-Concept, History and Development. *Transactions of the ASME: Journal of Manufacturing Science and Engineering*, 2006, 126 (4): 837-844.

[78] Mishima N. A Study on a Microfactory and an Evaluation Method of its System Configuration [J]. *Proceedings of IEEE International Conference on Mechatronics and Automation*, 2006, 25 (28), 837-842.

[79] Bateman J R, Cheng K. Devolved Manufacturing: theoretical perspectives [M]. Concurrent En-

gineering: Research and Applications, 2002, 10 (4): 291-297.

[80] Mulholl, K L and Dyer J A. Process Analysis via Waste Minimization: Using Dupont's Methodology to Identify Process Improvement Opportunities [J]. Environmental Progress, 2001, 20 (2): 75-79.

[81] Mouzon G, Yildirim M B, Twomey J. Operational methods for minimization of energy consumption of manufacturing equipment [J]. International Journal of Production Research, 2007 (45): 4247-4271.

[82] 刘建新. 适应我国铝土矿特点的氧化铝生产工艺技术探讨 [J]. 轻金属, 2010 (10): 13-16.

[83] 廖新勤. 我国氧化铝生产节能减排的思考 [J]. 轻金属, 2011, (10): 60-62.

[84] 周蕾. 张立民, 等. 电解铝行业清洁生产实践 [J]. 环境保护与循环经济, 2011 (3): 43-45.

[85] Golove W H, Schipper L J. Long-Term Trends in US Manufacturing Energy Consumption and Carbon Dioxide Emissions [J]. Energy, 1996 (21): 683-692.

[86] Ugur Soytas, Ramazan Sari, Bradley T. Energy consumption, income, and carbon emissions in the United States [J]. Ecological Economics, 2007 (62): 482- 489.

[87] 徐国泉, 刘则渊, 姜照华. 中国碳排放的因素分解模型及实证分析: 1995-2004 [J]. 中国人口·资源与环境, 2006 (6): 158-162.

[88] Fan Y, Liang Q, Wei Y. A model for China's energy requirements and CO_2 emissions analysis [J]. Environmental Modelling & Software, 2007 (22): 378-393.

[89] Zhang Xing-Ping, Cheng Xiao-Mei. Energy consumption, carbon emissions, and economic growth in China [J]. Ecological Economics, 2009, (68): 2706-2712.

[90] European Aluminum Association (EAA). Environmental profile report for the European aluminum industry-life cycle inventory data for aluminum production and transformation processes in Europe [R]. Frankfurt M: EAA, 2008: 23-38.

[91] International Aluminum Institute (IAI). The aluminum sector greenhouse gas protocol-greenhouse gas emissions monitoring and reporting by the aluminum industry [R]. London: IAI, 2006: 20-26.

[92] OLSEN K S. Environmental assessment of aluminum production in Europe: current situation and future scenarios [D]. Norway: Norwegian University of Science and Technology, 2009: 43-54.

[93] GAO Feng, NIE Zuoren, WANG Zhihong, et al. Greenhouse gas emissions and reduction potential of primary aluminum production in China [J]. Technological Science, 2009, 52 (8): 2161-2166.

[94] 武娟妮, 万红艳, 陈伟强, 等. 中国原生铝工业的能耗与温室气体排放核算 [J]. 清华大学学报: 自然科学版, 2010, 5 (3): 407-410.

[95] 陈喜平, 李旺兴, 邱仕麟. 电解铝行业二氧化碳排放研究 [J]. 轻金属, 2012 (7): 33-36.

[96] Zwetford G I J M, Ashford N A. The feasibility of encouraging inherently safer [J]. Safety Science, 2003, 41 (2-3): 219-240.

[97] Baldwin J, Lin Z X. Impediments to advanced technology adoption for Canadian manufactures [J]. Research Policy, 2001, 31 (1): 1-18.

[98] Luken R, Van Rompaey F, Katarina Zigova. The determinants of est adoption by manufacturing plants in developing countries [J]. Economics, 2008, 66 (1): 141-152.

[99] Sarumpaet S. The relationship between environmental performance and financial performance amongst Indonesian companies [J]. SNA VIII Solo, September 2005: 15-16.

[100] De Groot HLF, Verhoef ET, Nijkamp P. Energy saving by firms: decision-making, barriers and policies [J]. Energy Economics, 2001, 23: 717-740.

[101] Egri CP, Herman S. Leadership in the North American environmental Sector: values, leadership, styles, and context of environmental leaders and their organizations [J]. Academy of Management Journal, 2000, 43 (4): 571-604.

[102] PCSD. The President's Council on Sustainable American: advancing prosperity, opportunity and a healthy environment for the 21st century [M]. Washington, DC: The President's Council on Sustainable Development, US Government Printing Office, 1999.

[103] Babakri KA, Bennett RA, Rao S. Recycling performance of firms before and after adoption of the ISO14001 standard [J]. Journal of Cleaner Production, 2004, 12 (6): 633-637.

[104] 宋世伟，薛纪渝．清洁生产技术方案综合评价方法初探［J］．环境保护科学，1999，25（1）：16-21.

[105] 罗丽娟．清洁生产综合评价模型的探讨与应用［J］．环境科学与技术，2009，32（B12）：112-115.

[106] 王灵梅，张金屯，倪维斗．火电厂清洁生产的可持续性分析与评估［J］．环境科学与技术，2005，28（2）：64-65.

[107] 陆长清，曾辉．判断清洁生产定量评价体系初探［J］．环境保护，1999（10）：24-26.

[108] 许树析．层次分析法原理［M］．天津：天津大学出版社，1998.

[109] 王铮，苗立永，马强．煤矿企业清洁生产评价指标体系研究及应用［J］．煤田地质与勘探，2006，34（4）：45-48.

[110] 道格拉斯·麦格雷戈（Douglas McGregor）．企业的人性面［M］．韩卉，译．北京：中国人民大学出版社，2008.

[111] 马文军，潘波．问卷的信度和效度以及如何用 SAS 软件分析［J］．中国卫生统计，2000（17）：364-365.

[112] 电解铝产能过剩现状及应对策略［EB/OL］．［2000-04-12］．http：//news. cnal. com/industry/2013/05-20/1369011653331557. shtml.

[113] 国土资源部矿产开发管理司．中国矿产资源主要矿种开发利用水平与政策建议［M］．北京：冶金工业出版社，2002.

[114] 周凤禄，张廷安．氧化铝厂的物质流和能量流及其相互关系［C］．北京：中国金属学会，2009：554-558.

[115] 郑秀岚，刘甫德，綦景文．2000年铝土矿开发探讨［J］．轻金属，1986（01）：1-5.
[116] 周霞，闫光礼，张修志．加快利用国外铝矿资源［J］．矿产保护与利用，2004（01）：43-44.
[117] 2006年铝土矿行业发展分析与投资咨询报告［R］．2006.
[118] 卿仔轩．我国铝土矿生产、消费现状及产业发展趋势分析［J］．中国金属通报，2012（7）：36-37.
[119] A Life Cycle Inventory Report for the North American Aluminum Industry [R]. Washington. DC, 1998.
[120] IAI. Life Cycle Assessment of Aluminum: Inventory Data for the Worldwide Primary Aluminum Industry[EB/OL]. [2006-07-06]. http: //www. world-aluminium. org/cache/fl0000108. pdf.
[121] EAA. Environmental Profile Report for the European Aluminum Industry: Life Cycle Inventory Data for Aluminum Production and Transformation Processes in Europe[EB/OL]. [2008-10-10]. http: //www. eaa. net/upl/4/en/doc/EAA-Environmental-profile-re-port-May08. pdf.
[122] 崔萍萍，黄肇敏，周素莲．我国铝土矿资源综述［J］．轻金属，2008（02）：6-8.
[123] 李章存，贾新武．铝与生态环境［J］．轻金属，2006（01）：3-9.
[124] 金友良，万红艳．铝工业环境影响研究及可持续发展建议［J］．生态经济：学术版，2010（01）：167-171.
[125] 张志超，杨建平，李得福．铝用炭阳极企业的环境保护［J］．炭素技术，2009（01）：61-66.
[126] 中华人民共和国统计局．中国统计年鉴（1998-2010）［M］．北京：中国统计出版社，1998-2010.
[127] Presented at the IPCC Energy and Industry Subgroup [C]. Paris: Response Strategies Working Group, 1990.
[128] 孙大光，赵力，郝亚男．企业清洁生产方案的产生与识别研究［J］．环境技术，2004，(10)：55-56.
[129] 李明辉．环境成本的不同概念与计量模式［J］．当代经济管理，2005，(10)：74-79.
[130] 孙晓峰，张晨航．企业实施清洁生产的途径与建议［J］．中国环保产业 2007（12）：77-79.
[131] 胡金平．降低大型预焙铝电解槽阳极效应的实践［J］．有色冶金节能，2010（02）：84-85.
[132] 刘尔强．电解铝工业节能减污途径分析［J］．轻金属，2008（09）：32-33.
[133] 王昕，杨文元．电解铝工业低碳发展之路［J］．中国有色金属，2010（08）：31-32.
[134] 李建文．关于我国电解铝工业发展的研究［J］．经济问题，2008（3）：68-69.
[135] 张福元．铝电解生产工艺节能途径探讨［J］．青海科技，2011（02）：64-66.
[136] 于易如，李庆义，贾鲁宁，等．炭阳极电解消耗与炭阳极性能相关性分析［J］．炭素，2008（09）：32-33.
[137] 杨晓光．电解铝清洁生产评价及系统开发研究［D］．湖南：中南大学，2007.
[138] 杨立宏，赵涛，程秋林．铝行业循环经济评价指标体系研究［J］．科学管理研究，

2008（08）：26-27.

［139］师萍．一种简便实用的经营业绩评价方法［J］．中国软科学，2000（2）：119-120.

［140］高粱．基于层次分析法的绩效评估权重设计［D］．乌鲁木齐：新疆大学，2007.

［141］王静，袁耀文，朱靖．D-S 证据理论在多传感器身份融合中的改进［J］．信息工程大学学报，2008（02）：176-178.

［142］罗志增，蒋静坪．基于 D-S 理论的多信息融合方法及应用［J］．电子学报，1999（9）：100-102.

［143］曾春燚．基于 BP 神经网络的企业 HSE 管理绩效评估［J］．安全、健康和环境，2012（12）：25-28.